D1729777

Michael Günther

Das Judentum in Richard Wagners "Ring des Nibelungen"

Eine kritische Diskussionsgeschichte

Diplomica® Verlag GmbH

Günther, Michael: Das Judentum in Richard Wagners "Ring des Nibelungen": Eine kritische Diskussionsgeschichte, Hamburg, Diplomica Verlag GmbH 2012

ISBN: 978-3-8428-8195-2
Druck: Diplomica® Verlag GmbH, Hamburg, 2012

Bibliografische Information der Deutschen Nationalbibliothek:
Die Deutsche Nationalbibliothek verzeichnet diese Publikation in der Deutschen Nationalbibliografie; detaillierte bibliografische Daten sind im Internet über http://dnb.d-nb.de abrufbar.

Die digitale Ausgabe (eBook-Ausgabe) dieses Titels trägt die ISBN 978-3-8428-3195-7 und kann über den Handel oder den Verlag bezogen werden.

Inhaltsverzeichnis

1. Einleitung

1.1 Begründung des Themas

Der deutsch-russische Musiker Joseph Rubinstein suchte im Februar 1872 per Brief den Zugang zu Richard Wagner. Der Brief, in dem er „dringende Hilfe" und „Erlösung durch Mittätigkeit an der Aufführung der *Nibelungen*" erbat, begann mit folgenden Worten: „Ich bin Jude. Hiemit [sic!] ist für Sie alles gesagt."[1] Rubinstein, der sich kurz nach Wagners Tod das Leben nahm, gehörte ebenso wie der Dirigent des *Parsifal* Hermann Levi und der Pianist Carl Tausig[2] zu jenen jüdischen Musikern um Wagner, die in der Debatte um Wagners Antisemitismus, einem für viele Wagner-Freunde peinlichen Thema,[3] oft als Alibi zu dessen Relativierung herhalten mussten. Von der Wagnerforschung erst wenig beachtet, dann als gelegentliche und menschlich nachvollziehbare Entgleisung heruntergespielt, ist der Antisemitismus in den meisten Publikationen der letzten Jahrzehnte zu Wagners Leben und Werk ein mehr oder weniger unterschwelliges Thema, auch wenn sich die Veröffentlichungen vordergründig nicht mit Wagners politischem Denken auseinandersetzen.

Der Ausgangspunkt aller Diskussionen zum Thema ist der 1850 veröffentlichte und in einer zweiten Fassung aus dem Jahr 1869 erweiterte, verschärfte und mit einem offenen Brief versehene Aufsatz *Das Judentum in der Musik*[4]. Dieses Pamphlet, das Jakob Katz ein „antijüdisches Traktat, das mit Recht zu den antisemitischen Klassikern gezählt wird"[5], genannt hat, hatte nachhaltige Wirkungen auf die deutsche Kultur und Politik. Keine andere Schrift Wagners wurde von der historischen Forschung so kontrovers und ausgiebig diskutiert[6]. In der Geschichte des Antisemitismus ist sie von zentraler Bedeutung. Umso erstaunlicher ist der Umstand, dass das

---

[1] Cosima Wagner, *Die Tagebücher*, Bd. 1, S. 497, Eintragung vom 7. März 1872.
[2] Tausigs Tod wird mit der Kränkung durch die Wiederveröffentlichung von *Das Judentum in der Musik* (1869) in Verbindung gebracht. Vgl. Jütte, *Mendele Lohengrin*, S. 117.
[3] Vgl. Hinrichsen, *Musikbankiers*, S. 72.
[4] Beide Fassungen liegen in einer von Jens Malte Fischer besorgten, ausführlich kommentierten Edition vor, erweitert um eine umfangreiche Dokumentation zeitgenössischer Reaktionen: Fischer, Jens Malte: *Richard Wagners ‚Das Judentum in der Musik'. Eine kritische Dokumentation als Beitrag zur Geschichte des Antisemitismus*. Frankfurt a. M. u. Leipzig 2000.
[5] Katz, *Vorbote des Antisemitismus*, S. 40.
[6] Vgl. Dahm, *Topos der Juden*, S. 143. Dahm thematisiert den Antisemitismus im deutschen Musikschrifttum. Wagners *Judentum*-Aufsatz - für Dahm der zentrale Text des 19. Jahrhunderts - steht dabei in seinem Vokabular und seinen Argumentationsmustern in Diskussionszusammenhängen, die sich ihrerseits auf konstante Stereotypen aus der ersten Hälfte des 19. Jahrhunderts beziehen.

Pamphlet von der musikwissenschaftlichen Seite und von Autoren anderer Disziplinen, die sich eher mit dem musikdramatischen Werk Richard Wagners beschäftigen, wenig ernst genommen wurde, obwohl Wagner und seine Werke – die schriftstellerischen ebenso wie die musikalischen – durchaus als politisch gelten dürfen.[7]

Die Erforschung von Wagners Antisemitismus wird besonders durch den Umstand beeinflusst, dass auch Adolf Hitler ein glühender Verehrer des Komponisten war.[8] Rückblickend sagte er 30 Jahre nach einem Besuch der Wagner-Oper *Rienzi*: „In jener Stunde begann es!"[9] – und meinte damit die Idee des Nationalsozialismus. Für einige Forscher ist unverkennbar, dass zwischen Wagner und Hitler eine direkte Verbindungslinie besteht,[10] während andere den Bayreuther Meister durch die Nationalsozialisten als missverstanden und missbraucht sehen.

Die deutsche Öffentlichkeit scheint diese Verbindung zwiespältig zu sehen. Einerseits wird der Verdacht einer direkten Verbindung von Wagners und Hitlers politischem Denken u. a. dadurch genährt, dass in nahezu jeder filmischen Aufbereitung des Nationalsozialismus die Musik Wagners zu hören ist. Andererseits strömt die politische und gesellschaftliche Elite unserer Zeit jedes Jahr rege nach Bayreuth und neue Wagner-Inszenierungen sind immer wieder Thema von ausführlichen Besprechungen in den Medien: Wagner ist *en vogue*. Heute genauso wie im Kaiserreich, in der Weimarer Republik, dem „Dritten Reich", der DDR und der Bundesrepublik, stets wurde Wagner auch für die Repräsentation der Politik und ihrer Macher genutzt.

Seit Mitte der 70er Jahre machte der Literaturwissenschaftler Hartmut Zelinsky konsequent auf die Beziehung von Wagner, seinen Nachlassverwaltern in Bayreuth und dem Nationalsozialismus aufmerksam. Ihm schlossen sich weitere Autoren an und es ist der „Hartnäckigkeit und den Kenntnissen dieser Interpreten zu verdanken, die gleichsam als ständiger Stachel der Wagner-Forschung gewirkt haben"[11], dass die Wagner-Hitler-Debatte heute als offener Schlagabtausch geführt werden kann.

---

[7] So erläutert Bermbach beispielsweise die politischen Aussagen im *Ring des Nibelungen* in: Bermbach, Udo: *Die Destruktion der Institutionen. Zum politischen Gehalt des ‚Ring'*. In: Bermbach [Hg.], *In den Trümmern der eignen Welt*, S. 111-144.
[8] Der Hitlerbiograph Joachim Fest bezeichnet Wagner sogar als die ideologische Schlüsselfigur Hitlers. Vgl. Fest, *Hitler*, S. 77.
[9] Kubizek, *Adolf Hitler*, S.140.
[10] Am deutlichsten wird dies in Joachim Köhlers Buchtitel: *Wagners Hitler. Der Prophet und sein Vollstrecker*.
[11] Breuer, *Richard Wagners Antisemitismus*, S. 90.

Die „schwierigste aller Fragen"[12] und zugleich der Kern dieser Debatte ist die nach einem antisemitischen Gehalt in Wagners Musikdramen. Wären antisemitische Tendenzen nur in seinem publizistischen Werk existent[13], könnte man sich Thomas Mann anschließen, der 1933 in seinem berühmten Essay Leiden und Größe Richard Wagners dessen theoretische Schriften leichthin abtat und als Verirrung bezeichnete, die sowieso niemand ernst nehmen könne.[14] Doch ist die Frage nach antisemitischen Spuren im musikdramatischen Werk Wagners bis heute nicht eindeutig beantwortet, auch angesichts des erschwerenden Umstandes, dass sich die Figuren eines Bühnenwerks, „einmal gesetzt, von ihren Autoren, erst recht von deren Intentionen lösen"[15]. Dabei ist die musikwissenschaftliche Diskussion, die bemerkenswerterweise weit weniger von Musikwissenschaftlern als vielmehr von Forschern anderer Disziplinen geführt wird, bei weitem kontroverser als die historische Betrachtung. Schwierig ist das Thema deswegen, weil, wie viele Wagner-Verteidiger immer wieder betonen, Wagner seine Bühnenfiguren nie offen als jüdisch oder als Judenkarikaturen herausgestellt hat. Doch es ist wie Fischer sagt

> „ganz unwahrscheinlich, dass eine so zentrale, lebensbegleitende Obsession im Werk des *Künstlers* Richard Wagner ohne Wirkung geblieben sein soll. Diese Wirkung ist aber nicht so eindeutig [...] sondern sie taucht nur gelegentlich auf, ist außerdem camoufliert, in einen Subtext eingewoben, dem zeitgenössischen Publikum gewissermaßen mit einem Augenzwinkern dargeboten."[16]

Warum Wagner seine unbestreitbare antisemitische Neigung zumindest nicht unverschlüsselt in seine Opern aufnahm, ob aus Klugheit oder Feigheit, wie Herbert Rosendorfer vermutet,[17] oder weil er sich dazu viel zu sehr als Künstler fühlte, wird wohl nur spekulativ beantwortet werden können. Jedenfalls kann die Frage nach Judenfiguren, Judenkarikaturen oder antisemitischen Zerrbildern nur im rezeptionsgeschichtlichen Kontext beantwortet werden, berührt sie doch wesentliche Punkte des Wesens von Musik im Allgemeinen. Ist Musik überhaupt in der Lage, negative Ideologien zu verbreiten und kann Musik eigentlich antisemitisch sein, wie Scholz zu

---

[12] Fischer, *Richard Wagners ‚Das Judentum in der Musik'*, S. 14.

[13] Neben dem bereits erwähnten Judentum-Aufsatz (1850) und seiner erweiterten Fassung (1869) finden sich eindeutig antijüdische Tendenzen auch in den Schriften *Modern, Was ist deutsch, Erkenne dich selbst*, um nur die prägnantesten zu nennen, sowie in etlichen Briefen Wagners und den Tagebüchern seiner Frau Cosima, die minutiös fast jede Äußerung ihres Mannes für die Nachwelt dokumentiert hat, sowie in weiteren Überlieferungen.

[14] Vgl. Mann, *Leiden und Größe Richard Wagners*, S. 73.

[15] Rienäcker, *Richard Wagner. Nachdenken über sein Gewebe*, S. 13.

[16] Fischer, *Richard Wagners Judentum in der Musik*, S. 15. (Hervorhebung M.G.)

[17] Vgl. Rosendorfer, *Richard Wagner für Fortgeschrittene*, S. 31.

Recht fragt.[18] Für den „Fall Wagner" greifen diese Fragen, die ausschließlich auf die Musik abzielen, zu kurz, denn Wagner verfasste die Libretti zu seinen Opern selbst und nur die Betrachtung des Gesamtkunstwerks, was das Libretto, die Musik, die Regieanweisungen und die erklärenden Schriften einschließt, kann eine Antwort auf die Frage finden, ob Wagners Bühnenwerke antisemitische Tendenzen enthalten.

Der Wagner hörende Liebhaber ist geneigt, die teilweise abscheulichen politischen Ansichten des Künstlers, wie er sie in *Das Judentum in der Musik* äußert, als Marotte abzutun, doch gelingt dies nach 1945 nur schwer. In nahezu allen Publikationen über Wagner spielt seine Bedeutung für das Dritte Reich eine mehr oder weniger wichtige Rolle - ausgesprochen oder unausgesprochen. Eine unbefangene Herangehensweise an das Phänomen Wagner scheint kaum möglich.

1.2 Fragestellung und Methode

Richard Wagner polarisierte schon zu seinen Lebzeiten. Die Frontenbildung in Wagnerianer und Antiwagnerianer,[19] die bis heute Bestand hat und bei keinem anderen Komponisten zu beobachten ist, ist in der Forschung insbesondere bei Arbeiten zu finden, die sich mit dem Themenkomplex *Wagner und das Dritte Reich* auseinandersetzen. Die einen ordnen sein Werk in die direkte Vorgeschichte des Dritten Reichs ein und sehen die Barbarei dieser Zeit in diesem durchscheinen und dies besonders in ihrer folgenschwersten Spielart, dem Antisemitismus. Für sie spielt die Qualität von Wagners Musik nur eine untergeordnete Rolle, sodass man sagen könnte, ihr Hass auf die Person Wagners und dessen verhängnisvolle Wirkungsgeschichte mache sie taub für die Schönheit seiner Musik. Andere, blind vor Liebe zu ihrem „Meister", können, obgleich sie Wagners fatale Wirkung nicht leugnen können, keinen Zusammenhang zwischen dem Judenhass Wagners und seinem künstlerischen Werk entdecken und meinen, die nationalsozialistische Vereinnahmung des Wagnerschen Werks tue dessen ästhetischer Qualität keinen Abbruch. Außerordentlich emotional reagieren auch heute noch Gelehrte, Musiker und Liebhaber, wenn es um die Frage geht, ob Wagners Musikdramen eine prä-nationalsozialistische Ideologie

---

[18] Vgl. Scholz, *Richard Wagners Antisemitismus*, S. 85.
[19] Zu beachten ist der Bedeutungswandel der Begriffe *Wagnerianer* und *Antiwagnerianer*, die früher die Liebhaber bzw. Gegner der *Musik* Wagners bezeichneten. Der heutige Gebrauch der Begriffe bezeichnet die unterschiedliche Sicht auf den *politischen* Wagner.

innewohnt. Dabei hat sich die Diskussion der letzten Jahrzehnte zunehmend auf den Antisemitismus verengt, wohl auch, weil man auf diesem Feld vermeintlich genügend Zeugnisse zur Verfügung hat, um jener Frage nachgehen zu können.

Das Ziel der vorliegenden Untersuchung ist es, die Diskussion über antisemitische Zerrbilder in Wagners *Der Ring des Nibelungen* vorzustellen und zu moderieren. Dabei ist die *Ring*-Tetralogie, die zusammenhängend erstmals 1876 zur Eröffnung des Bayreuther Festspielhauses aufgeführt wurde, nicht das einzige Werk Wagners, das in Antisemitismusverdacht geraten ist. Auch *Die Meistersinger von Nürnberg* und *Parsifal* haben mit Beckmesser und Kundry Figuren an Bord, bei denen eine antisemitische Lesart zumindest plausibel ist und von etlichen Forschern auch gesehen wird.[20] Die vorliegende Untersuchung beschränkt sich jedoch auf Diskussionsbeiträge die sich auf Figuren des *Ring des Nibelungen* oder dessen Kontext beziehen.[21]

Da es sich bei diesem Thema um ein bisher ungelöstes und möglicherweise auch unlösbares Problem der Musikästhetik handelt, ist einmal die Frage nach den Triebkräften zu stellen, die die Vertreter der verschiedensten Fachrichtungen hier bewegen, sich an der Diskussion zu beteiligen und welche Rolle deren eigene Identität und

---

[20] Zur der ähnlich gelagerten Diskussion um *Die Meistersinger von Nürnberg* vgl. u. a.: Metzger, Reinhard: *Eine geheime Botschaft in Die Meistersinger von Nürnberg und Parsifal: Jüdisches, Christliches und Antisemitisches in zwei Werken von Richard Wagner*. In: The German Quarterly. Bd. 80, Nr. 1, 2007, S. 20-41; Münkler, Herfried: *Kunst und Kultur als Stifter politischer Identität. Webers Freischütz und Wagners Meistersinger*. In: Danuser, Hermann u. Münkler, Herfried [Hgg]: *Deutsche Meister – böse Geister? Nationale Selbstfindung in der Musik*. Schliengen 2001, S. 45-60; Vaget, Hans Rudolf: *Wehvolles Erbe. Zur „Metapolitik" der Meistersinger von Nürnberg*. In: Kiem, Eckehard u. Holtmeier, Ludwig [Hgg.]: *Richard Wagner und seine Zeit*. Laaber 2003, S. 271-290; ZAENKER, Karl A.: *The Bedeviled Beckmesser: Another Look at Anti-Semitic Stereotypes in ‚Die Meistersinger von Nürnberg'*. In: German Studies Review, Vol. 22, Nr. 1 (Feb. 1999), S. 1-20; GREY, Thomas S.: *Selbstbehauptung oder Fremdmissbrauch? Zur Rezeptionsgeschichte von Wagners ‚Meistersingern'*. In: DANUSER, Hermann u. MÜNKLER, Herfried [Hgg]: *Deutsche Meister – böse Geister? Nationale Selbstfindung in der Musik*. Schliengen 2001, S. 303-325; Levin, David J.: *Reading Beckmesser Reading. Antisemitism and Aesthetic Practice in 'The Mastersingers of Nuremberg'*. In: New German Critique (Herbst 1996), S. 127-146.
Auch zum *Parsifal* gibt es etliche Beiträge, die sich mit dem teils behaupteten und teils geleugneten antisemitischen Gehalt beschäftigen. Dies sind vor allem: Bermbach, Udo: *Liturgietransfer. Über einen Aspekt des Zusammenhangs von Richard Wagner mit Hitler und dem Dritten Reich*. In: Friedländer, Saul u. Rüsen, Jörn [Hgg.]: *Richard Wagner im Dritten Reich. Ein Schloss Elmau-Symposion*. München 2000, S. 40-65; Dahlhaus, Carl: *Erlösung dem Erlöser. Warum Richard Wagners ‚Parsifal' nicht Mittel zum Zweck der Ideologie ist*. In: Csampai, Attila u. Holland, Dietmar [Hgg.]: *Parsifal. Texte, Materialien, Kommentare*. Reinbek b. Hamburg 1984, S. 262-269; Halbach, Frank: *Ahasvers Erlösung. Der Mythos vom Ewigen Juden im Opernlibretto des 19. Jahrhunderts*. München 2009; Mösch, Stephan: *Weihe, Werkstatt, Wirklichkeit. Parsifal in Bayreuth 1882-1933*. Kassel 2009; Zelinsky, Hartmut: *Sieg oder Untergang: Sieg und Untergang. Kaiser Wilhelm II., die Werk-Idee Richard Wagners und der ‚Weltkampf'*. München 1990.
[21] Natürlich werden Aussagen, die sich generell auf Wagners Musikdramen beziehen und solche, die zwar in Verbindung zu einer anderen Oper getätigt wurden, aber auf den *Ring des Nibelungen* übertragbar sind, mit in die Untersuchung einbezogen, wenn dies in dem jeweiligen Kontext sinnvoll ist.

Herkunft dabei spielt. Geht es in der Diskussion wirklich immer nur um ein besseres Verständnis von Wagners Werken oder findet außerhalb des vordergründigen Diskussionsgegenstandes auf einer Metaebene noch eine ganz andere Debatte statt? Wie ordnen die einzelnen Diskutanten die große Kunst Wagners in eine Ideologie ein, die für Zivilisationsbruch und Barbarei steht? Wird Politik als etwas der Musik genuin Fremdes angesehen, das von außen mit außermusikalischen Mitteln in den musikwissenschaftlichen Diskurs hereingetragen wird oder wird ein musikalisches Kunstwerk an sich auch als politische Aussage eines Komponisten verstanden?

Interessant zu beobachten sind auch die Ambivalenz und die methodischen Unterschiede, mit denen die Diskussion geführt wird. Handelt es sich hier wirklich um einen Dialog, bei dem die Argumente des einen vom anderen aufgegriffen und verarbeitet werden oder geht die Diskussion vielmehr aneinander vorbei, da einzelne nur das Ziel haben, ihr bisheriges Bild von Wagner und dessen künstlerischem Werk unbeschadet beizubehalten und die deshalb Offensichtliches einfach ausblenden? Wie steht es folglich um die Kompromissbereitschaft, also um den erkennbaren Willen, in dieser kontrovers geführten Debatte eine Annäherung oder gar einen Konsens zu erreichen und welche Grenzen sind dieser Diskussion gesetzt? Bauen die Argumentationslinien auf einer guten Grundlagenforschung auf und arbeiten die verschiedenen fachwissenschaftlichen Disziplinen überzeugend miteinander, um historische und musikästhetische, aber auch politische und psychologische Gesichtspunkte aufeinander zu beziehen und miteinander zu verknüpfen. Auch die Einordnung der textuellen und der musikalischen Ebene ist in diesem Kontext zu berücksichtigen und mit welchen Argumenten insbesondere musikwissenschaftliche Untersuchungen zu der Diskussion etwas beitragen können. Letztlich ist die Diskussion auch dahingehend zu untersuchen, welche Bedeutung die Erkenntnisse aus der Debatte für die Musikwissenschaft, den Musikbetrieb, das Regietheater und die Interpreten haben.

Da es die Diskussion über antisemitische Zerrbilder in Wagners Opern ohne dessen Pamphlet *Das Judentum in der Musik* höchstwahrscheinlich nicht gäbe, ist es sinnvoll, zunächst die Entstehung und den Inhalt dieser Schrift zu beleuchten. Dabei soll geklärt werden, warum Wagner solch einen obsessiven Judenhass entwickelte und wie er diesen äußerte. Ferner soll die Darstellung ausgewählter Themenbereiche der Schrift auf die Argumente der Diskussion grundlegend hindeuten.

Da die vorliegende Untersuchung vorrangig das Ziel hat, die Diskussion über antisemitische Zerrbilder im *Ring des Nibelungen* zu erörtern und nicht selbst einen Beitrag zu dieser leisten möchte, ist es unumgänglich, nicht nur die jüngere Auseinandersetzung zu beleuchten, sondern die Debatte in ihrer *historischen Gesamtheit* darzustellen, also seit den ersten Aufführungen des *Ring*, denn schließlich beginnt diese nicht erst nach dem Holocaust: Wagners Judenhass und die Spuren davon in seinem Werk waren schon vor Hitler ein Thema, wenn auch die Diskussion an Schärfe nach 1945 natürlich zugenommen hat. Auch um Fragen an die Diskussion hinsichtlich ihres Wesens und ihrer Psyche zu klären, muss gezeigt werden, wie sich die Debatte und die ihr immanenten Argumente im Lauf der Zeit entwickelt, verändert und präzisiert haben und welche Argumentationslinien in den einzelnen Phasen jeweils zu erkennen sind. Dabei erscheint es wenig sinnvoll, auch aufgrund verschiedener inhaltlicher Ausrichtung, die Diskussion thematisch darzustellen. Aus diesem Grunde wird die Debatte chronologisch beleuchtet und bewertet werden und der chronologische Rahmen soll nur dann verlassen werden, wenn sich Diskussionsbeiträge verschiedener zeitlicher Abschnitte inhaltlich aufeinander beziehen.

Die Moderation einer Diskussion bewegt sich zwangsläufig im Spannungsfeld zwischen einer detaillierten Darlegung einzelner Argumentationslinien der Protagonisten und der Illustration ihrer Gesamtheit. Daher ist es zu rechtfertigen, wenn einzelne Kombattanten ausführlicher als andere dargestellt und kommentiert werden. Es ist bemerkenswert, dass die wagnerkritische Seite wesentlich mehr sowie differenziertere Argumente aufweist als die apologetische Seite. Diesem Umstand ist es geschuldet, dass die Vertreter der erstgenannten Richtung im Verlauf der vorliegenden Untersuchung stärker und detaillierter zu Wort kommen als die der Gegenseite. Vor allem Marc Weiners Studie *Antisemitische Fantasien. Die Musikdramen Richard Wagners*[22] soll im Rahmen dieser Untersuchung ausführlich analysiert werden, da hier mit musikwissenschaftlicher Methodik versucht wird, antisemitische Tendenzen in den Opern Wagners auszumachen. Dies soll keinen tendenziösen Eindruck vermitteln, ist aber dem argumentativ unausgewogenem Material geschuldet, das der Diskussion zugrundeliegt.

Bei der Untersuchung eines so umfangreichen und vielseitig beleuchteten Themas stellt sich natürlich auch die Frage, welche Teilkomplexe ausgeblendet werden

---

[22] Weiner, Marc A.: *Antisemitische Fantasien. Die Musikdramen Richard Wagners*. Berlin 2000.

müssen, um eine hinreichende Darstellung der wesentlichen Kontexte zu ermöglichen. So soll im Rahmen dieser Untersuchung nicht auf die Diskussion um die Verstrickung von Wagners Erben und des Bayreuther Kreises mit dem Nationalsozialismus eingegangen werden. Auch auf die Beleuchtung verschiedener Inszenierungen soll bis auf eine Ausnahme im Rahmen dieser Untersuchung verzichtet werden sowie auf eine Darstellung der Biographie Wagners und eine Zusammenfassung des *Ring des Nibelungen,* die in jedem Opernführer nachgelesen werden können. Des Weiteren soll die Diskussion allein an den Bühnenfiguren dargestellt werden, die verdächtig sind, in Wirklichkeit eine Judenkarikatur zu sein. Eine nähere Betrachtung von Alberichs Gegenspieler Wotan sowie von Sieglinde, Siegmund und Siegfried, die man als „arischen" Gegenpart zu Mime und Alberich interpretieren könnte, muss aus Platzgründen ebenfalls ausgespart werden.

Schließlich bildet die vorliegende Untersuchung neben der Erhellung verschiedener ideologiekritischer Zugänge zum Werk Wagners auch einen Beitrag zur musikästhetisch-historischen Mentalitätsgeschichte des 20. Jahrhunderts.

1.3 Leitlinien und Probleme der Forschung

Im Rahmen der Darstellung der Diskussion um antisemitische Zerrbilder im *Ring des Nibelungen* werden auch Forschungstendenzen detailliert aufgezeigt. Deswegen soll der folgende Überblick des Forschungsstandes lediglich allgemeine Probleme der Wagner-Forschung aufzeigen und grobe Leitlinien im ideologiekritischen Umgang mit Wagners Werk vorstellen.

Der Umfang der Sekundärliteratur über Werk und Person Richard Wagners ist Legion. Schätzungen zufolge dürfte er auf Platz zwei nach jeglicher Literatur zu Christus liegen.[23] Die große Fülle an Werken bringt Schwierigkeiten mit sich und so ist denn eine umfassende thematische Bibliographie wohl auch in näherer Zukunft nicht zu erwarten.[24]

---

[23] Vgl. Umbach, *Ein deutsches Ärgernis,* S. 12. Diese Schätzung kann seriös natürlich nicht bestätigt werden. Sie versinnbildlicht aber den ausufernden Umfang der Publikationen, die sich mit Wagner und seinem Werk beschäftigen.
[24] Die Probleme und Vorschläge einer Bibliographieerstellung zu Wagners Werken erörtert: Limberg, Eva-Maria: *Richard Wagner-Bibliographie. Problemanalyse und Vorstudien zu einer neu zu erstellenden Personalbiographie* (= Arbeiten und Bibliographien zum Buch- und Bibliothekswesen, Bd. 7). Frankfurt a. M. 1989.

Auch gibt es bis heute keine kritische Gesamtausgabe der Schriften Wagners.[25] Die Forschung basiert überwiegend auf den *Gesammelten Schriften und Dichtungen*, die von Wagner selbst 1871-1873 (sowie posthum 1883) herausgegeben worden sind.[26] Wagner wählte dabei eine chronologische Anordnung, sodass unterschiedliche Textarten wie Briefe, Erzählungen, programmatische Erläuterungen, ästhetische und politische Schriften etc. oftmals nebeneinander stehen, ohne einen logischen Zusammenhang zu bilden. Auch wurden einige Schriften vom Autor neu arrangiert, was den zeitlichen Zusammenhang verfälscht und die Einordnung erschwert.[27] Das Prinzip der Chronologie wurde auch in den *Sämtlichen Schriften und Dichtungen* beibehalten, die nach Wagners Tod herausgegeben worden sind[28] und die Carl Dahlhaus im Rahmen des Symposiums *Wagnerliteratur – Wagnerforschung* als eine „eklektische Mischung von Chronologie, Systematik und Zufall"[29] bewertet. Auch wurden einige der frühen Texte an politisch und weltanschaulich brisanten Stellen ohne Kennzeichnung umformuliert, was auch die im Rahmen dieser Studie dargestellte Diskussion beeinträchtigt, da dies die Einordnung der politischen und ästhetischen Gedanken Wagners in den jeweiligen Kontext behindert.

Selbstverständlich existieren auch eine Vielzahl von biographischen Arbeiten über Richard Wagner, von denen einige auch für unsere Debatte aufschlussreich sind. Zunächst die Autobiographie Wagners[30], die Wagner seiner Frau Cosima diktierte und welche natürlich auch all die für viele Autobiographien typischen Beschönigungen enthält [31]. Ebenso bieten die Biographien des Wagner-Schwiegersohns und Vorreiters des Nationalsozialismus Houston Stewart Chamberlain[32] sowie die

---

[25] Zu den Ursachen für diesen editorischen Mangel vgl. Borchmeyer, Dieter: *Wagner-Literatur – Eine deutsche Misere. Neue Ansichten zum „Fall Wagner'*. In: Internationales Archiv für Sozialgeschichte der deutschen Literatur, 3. Sonderheft, Forschungsreferate, 2. Folge, Tübingen 1993, S. 1-62. Außerdem bietet Borchmeyer hier einen kleinen Überblick über die jüngere deutsche Wagner-Literatur.

[26] Wagner, Richard: *Gesammelte Schriften und Dichtungen*, 10 Bde., Leipzig 1871-1883, 1883. Im Folgenden abgekürzt als *GSD*.

[27] So bemerkte erst Jens Malte Fischer, dass der für diese Arbeit wesentliche Aufsatz *Das Judentum in der Musik* in den *Gesammelten Schriften und Dichtungen* zwar als von 1850 stammend gekennzeichnet wurde, in Wirklichkeit aber die verschärfte Fassung von 1869 ist. Vgl. Fischer, *Das Judentum in der Musik*, S. 16.

[28] Wagner, Richard: *Sämtliche Schriften und Dichtungen in 10 Bänden*, hg. von Wolfgang Golther, Leipzig o. J. [1911-1916]. Im Folgenden abgekürzt als *SSD*.

[29] Dahlhaus, *Chronologie oder Systematik*, S. 128.

[30] Wagner, Richard: *Mein Leben*. München 1963.

[31] Vgl. Wagner-Egelhaaf, Martina: *Autobiographie*. Stuttgart 2005, S. 17.

[32] Chamberlain, Houston Stewart: *Richard Wagner*. München 1896.

Biographie des Wagner-Freundes Carl Friedrich Glasenapp[33] zwar einen verfälschten Blick auf Wagner, können aber Hinweise auf die ideologische Entwicklung des Bayreuther Umfeldes geben. Neben diversen wissenschaftlichen Biographien neuerer Zeit sind es vor allem Wagner-kritische Biographien aus dem angelsächsischen Raum, die Argumente für die hier behandelte Debatte liefern können.

Von Seiten der Musikwissenschaft hat vor allem Carl Dahlhaus die Wagnerforschung beflügelt. Die Untersuchung von *Oper und Drama* steht dabei im Zentrum seiner zahlreichen Schriften zu Wagners Kunsttheorie.[34] Auch mit dem erweiterten Textcorpus der *Zürcher Kunstschriften* beschäftigt sich Dahlhaus' Werk *Wagners Konzeption des musikalischen Dramas*. Im Kontext des *Ring* werden Wagners politisch-ästhetische Ansichten im Rahmen der kompositorischen Arbeit erfasst und bewertet. Dabei geht die Analyse aber kaum über musikästhetische Aspekte hinaus. Im Rahmen einer Einführung zu Wagner[35] verortet Dahlhaus Wagners Denken im Linkshegelianismus und im deutschen Vormärz.[36]

Auch Rainer Franke thematisiert die *Zürcher Kunstschriften* und stellt sie in den Zusammenhang mit der Entstehung des *Ring*.[37] Die Schrift *Das Judentum in der Musik* wird dabei, wie auch schon von Dahlhaus, ausgeklammert.[38] Ebenso wie Dahlhaus ordnet er Wagners geschichts-, kunst- und sozialtheoretische Weltsicht dem Linkshegelianismus zu und betont dabei den großen Einfluss Ludwig Feuerbachs auf Wagner.

Über die Betrachtung der *Zürcher Kunstschriften* hinaus gibt es keine weitere musikwissenschaftliche Auseinandersetzung mit anderen ideengeschichtlichen Phasen im Leben Wagners. Die weltanschaulichen Schriften des Komponisten werden bei der musikwissenschaftlichen Auseinandersetzung mit seinem Werk weitgehend ausgeklammert. Lediglich im Rahmen von Symposien werden mitunter

---

[33] Glasenapp, Carl Friedrich: *Das Leben Richard Wagners*. 6 Bde., Leipzig 1911.
[34] Dahlhaus, Carl: *Wagners Konzeption des musikalischen Dramas*. München 1971.
[35] Dahlhaus, Carl u. Deathridge, John: *Wagner*. Stuttgart u. Weimar 1994.
[36] Vgl. ebd., S. 85.
[37] Franke, Rainer: *Richard Wagners Zürcher Kunstschriften. Politische und ästhetische Entwürfe auf seinem Weg zum Ring des Nibelungen*. Hamburg 1983.
[38] Der Direktor des Wagner-Museums Bayreuth Sven Friedrich sieht dies 2004 noch so. Ein engerer systematischer oder thematischer Zusammenhang des *Judentum*-Traktats zu den *Zürcher Kunstschrif-ten* sei nicht auszumachen, denn Wagners „Vision einer ästhetischen Weltordnung als Telos des Gesamtkunstwerks" habe keinerlei antisemitische Bezüge. Vgl. Friedrich, *Deutung und Wirkung*, S. 165.

Fragen erörtert, die als Inhalt den Anteil von Wagners Musik bei der Herausbildung des deutschen Nationalismus zur Grundlage haben.[39]

In Bezug auf Wagners Antisemitismus hält sich die musikwissenschaftliche Forschung sehr bedeckt, was nicht zuletzt dem Bemühen geschuldet ist, Wagners Werk von zweifelhaften Tendenzen freizuhalten.[40] Dabei ist die Neigung zu beobachten, dass Wagners schriftstellerisches Werk von seinem musikalischen getrennt wird. Doch nach wie vor ist die Frage offen, ob sich antisemitische Tendenzen mit musikwissenschaftlicher Methodik in der Konzeption von Wagners Bühnenfiguren oder gar in der Musik an sich überhaupt feststellen lassen. Von führenden deutschen Musikwissenschaftlern wird diese Frage verneint[41] und Versuche von Forschern anderer Disziplinen, den Antisemitismus direkt in der Musik nachzuweisen,[42] stoßen auf überwiegende Ablehnung.[43] Dabei wird die Aufforderung, sich diesem Problem zu widmen und ein ideologiekritisches musikwissenschaftliches Instrumentarium zu entwickeln, deutlich an die Musikwissenschaft herangetragen[44]. Das wichtigste dabei wäre die Aufhebung der Trennung von Wagners theoretischen Schriften und seinen Kunstwerken.

Genau gegenteilig verhält sich die politikwissenschaftliche Wagner-Forschung, deren bedeutsamste Studien Udo Bermbach publiziert hat. Er untersucht Wagners Kunsttheorie in politischen Kategorien.[45] Zwar beleuchtet er durchaus auch Wagners Musikdramen, klammert dabei aber die Musik aus. Wie Dahlhaus und Franke verorten er und Dieter Borchmeyer, der Wagners Theorie aus germanistisch-philologischer Sicht beleuchtet, das politisch-ästhetische Denken des Komponisten im linksliberalen Spektrum und belegen dies in erster Linie mit den Schriften Wagners aus dem Umfeld der 1848er Revolution. Für Stefanie Hein, die Wagners Kunst-

---

[39] Vgl. das Symposium „*Was deutsch und echt…*". *Mythos, Utopie, Perversion.* Die Beiträge zu dieser Tagung erschienen unter: Danuser, Hermann u. Münkler, Herfried [Hgg]: *Deutsche Meister – böse Geister? Nationale Selbstfindung in der Musik.* Schliengen 2001.

[40] Vgl. Hein, *Richard Wagners Kunstprogramm*, S. 16.

[41] Vgl. z. B. Brinkmann, *Lohengrin, Sachs und Mime*; Hinrichsen, *Musikbankiers*; Danuser, *Universalität oder Partikularität?.*

[42] Vgl. in erster Linie die Studie von Weiner, Marc A.: *Antisemitische Fantasien. Die Musikdramen Richard Wagners.* (Original: *Richard Wagner and the Anti-Semitic Imagination*, Lincoln 1995.) Berlin 2000. Aber auch Scheit und Drüner arbeiten teilweise mit musikwissenschaftlicher Methodik.

[43] Vgl. Anm. 41.

[44] Vgl. z. B. Fischer, *Richard Wagners ,Das Judentum in der Musik'*, S. 15; Friedländer, *Hitler und Wagner*, S. 170f.

[45] Vgl. v. a. Bermbach, Udo: *Der Wahn des Gesamtkunstwerks. Richard Wagners politisch-ästhetische Utopie.* 2. überarbeitete und erweiterte Aufl., Stuttgart, Weimar 2004; ders.: *Blühendes Leid. Politik und Gesellschaft in Richard Wagners Musikdramen.* Stuttgart, Weimar 2003.

programm im nationalkulturellen Kontext untersucht, ist diese Verkürzung ungeeignet, da sie nicht ausreiche, um alle Schaffensphasen des Künstlers zu beleuchten.[46]

Eine Beziehung zwischen dem Antisemitismus Wagners und seinen ästhetischen sowie gesellschaftskritischen Aussagen wurde von den Autoren um Borchmeyer und Bermbach[47] lange negiert. Lediglich Bermbach rückt in jüngster Zeit davon etwas ab und erklärt die antisemitischen Ansichten Wagners als das Produkt seiner linken revolutionären Weltanschauung[48] und rückt *Das Judentum in der Musik* näher in einen unmittelbaren Zusammenhang zu den im gleichen Zeitraum entstandenen *Zürcher Kunstschriften*.

Seit den wegweisenden Arbeiten des Germanisten Hartmut Zelinsky[49], der erstmals eine direkte Linie zwischen Wagners und Hitlers Ideologie zog[50], erschienen einige Studien, die sich durch eine starke ideologiekritische Ausrichtung von der restlichen deutschen Wagnerforschung abheben. Andrea Mork stuft in ihrer politikwissenschaftlichen Dissertation[51] Wagners Denken als aufklärungsfeindlich ein und arbeitet die Aspekte in Wagners Schriften heraus, die den Nationalsozialisten als Anknüpfungspunkte für ihre Ideologie dienten. Wirkungsgeschichtlich orientiert ist auch die Dissertation von Annette Hein[52], die die *Bayreuther Blätter* auf ihren Antisemitismus und ihre völkische Ideologie hin untersucht hat. Sie kommt zu dem Schluss, dass die antisemitisch-nationalistische Ausrichtung der Zeitschrift auch in den Jahren bis 1938 im Sinne Wagners gewesen wäre, eine These, die heftigen Widerspruch u. a. von Bermbach provoziert hat.[53]

---

[46] Vgl. Hein, *Richard Wagners Kunstprogramm*, S. 20.

[47] Im Umkreis dieser beiden führenden Wagnerforscher sind u. a. Sven Friedrich, Peter Wapnewski, Ulrich Müller und Stefan Breuer zu nennen.

[48] Vgl. Bermbach, *Blühendes Leid*, S. 319ff.

[49] Vgl. v.a.: Zelinsky, Hartmut: *Richard Wagner - ein deutsches Thema. Eine Dokumentation zur Wirkungsgeschichte Richard Wagners 1876-1976*. Frankfurt a. M. 1976; ders.: *Die 'Feuerkur' des Richard Wagner oder die 'neue Religion' der 'Erlösung' durch 'Vernichtung'*. In: Metzger, Heinz-Klaus u. Riehn, Rainer [Hgg.]: *Richard Wagner. Wie antisemitisch darf ein Künstler sein?* (= Musikkonzepte. Die Reihe über Komponisten, Heft 5). München 1978, S. 79-112; ders.: *Die deutsche Losung Siegfried oder die 'innere Notwendigkeit' des Juden-Fluches im Werk Richard Wagners*. In: Bermbach, Udo [Hg.]: *In den Trümmern der eigenen Welt. Richard Wagner 'Der Ring des Nibelungen'*. Hamburg 1989, S. 201-251.

[50] Siehe Kap. 4.2, S. 45.

[51] Mork, Andrea: *Richard Wagner als politischer Schriftsteller. Weltanschauung und Wirkungsgeschichte*. Frankfurt a. M. 1990.

[52] Hein, Annette: *„Es ist viel 'Hitler' in Wagner". Rassismus und antisemitische Deutschtumsideologie in den 'Bayreuther Blättern' (1878-1938)*. Tübingen 1996.

[53] Vgl. BERMBACH, Udo: *Über den Zwang, Richard Wagner immer wieder zu nazifizieren*. In: *Musik und Ästhetik* 3 (1997), S. 82-90. (Schon der Titel der Rezension zu Heins Dissertation zeigt die abwehrende Haltung und den gereizten Tonfall gegenüber wagnerkritischer Forschung.)

Wagners Antisemitismus als Kernthema haben neben der erwähnten Studie von Marc Weiner die Arbeiten von Jakob Katz[54], Paul Lawrence Rose[55], Jens Malte Fischer[56] und Ulrich Drüner[57]. Für Katz, einen israelischen Historiker, ist Wagner zwar ein Wegbereiter des modernen Antisemitismus, kann aber nicht für die Entwicklung zum Holocaust verantwortlich gemacht werden. Der amerikanische Historiker Rose sieht Wagner als Hauptvertreter eines typisch deutschen „revolutionären Antisemitismus", den er als entscheidend prägend für die gesamte deutsche Geistesgeschichte des 19. Jahrhunderts einstuft und deutet alles von Wagner jemals Geschriebene und Geäußerte in diesem Sinne. Er arbeitet die Kontinuität von Wagners antisemitischem Denken heraus und stellt die Revolutionsideen von 1848 in eben diesen Zusammenhang. Wagners Musikdramen sieht er einzig als Transportvehikel für antisemitische Ideen, eine These, die er nicht wirklich belegen kann.[58] Grundlegend ist die Analyse und Dokumentation von Wagners Schrift *Das Judentum in der Musik* des Theaterwissenschaftlers Fischer, eine Arbeit, die parteiübergreifend Anerkennung – und Vereinnahmung – erfährt. Drüners Buch knüpft an Weiners *Antisemitische Fantasien* an und stellt dessen Ergebnisse wieder in einen stärkeren Zusammenhang zu Wagners Schriften und sonstigen Überlieferungen. Die Monographie des Archivars ist die letzte große Studie zum Antisemitismus Wagners.

Als Extreme müssen die Arbeiten von Joachim Köhler und Dieter David Scholz gelten. Während Köhler, seines Zeichens Philosoph, in mehreren Publikationen[59] Wagner zum eigentlichen Urheber des Nationalsozialismus stilisiert und das Phänomen Hitler einzig aus der Person Wagners heraus erklärt, versucht die apologetische Dissertation[60] des Journalisten Scholz durchweg, den Antisemitismus Wagners zu relativieren mit dem Ziel, die Inanspruchnahme Wagners durch die Nationalsozialisten als Missbrauch darzustellen.

---

[54] Katz, Jakob: *Richard Wagner. Vorbote des Antisemitismus.* Königstein Taunus 1985.
[55] Rose, Paul Lawrence: *Richard Wagner und der Antisemitismus.* (Original: *Wagner: Race and Revolution.* London 1992.) Zürich 1999.
[56] Fischer, Jens Malte: *Richard Wagners ‚Das Judentum in der Musik'. Eine kritische Dokumentation als Beitrag zur Geschichte des Antisemitismus.* Frankfurt a. M. u. Leipzig 2000.
[57] Drüner, Ulrich: *Schöpfer und Zerstörer. Richard Wagner als Künstler.* Köln u.a. 2003.
[58] Vaget bemängelt in seiner umfangreichen Rezension zu Roses Buch, dass sich nur zehn Prozent des Buches mit Wagners Musikdramen beschäftigen würden. Dabei seien diese doch „die einzigen Manifestationen seiner [Wagners] Kreativität, die wirklich zählen." Vaget, *Wagner, Anti-Semitism, and Mr. Rose,* S. 233.
[59] Vgl. v. a. Köhler, Joachim: *Wagners Hitler. Der Prophet und sein Vollstrecker.* München 1999; ders.: *Der Letzte der Titanen. Richard Wagners Leben und Werk.* Berlin 2001.
[60] Scholz, Dieter David: *Richard Wagners Antisemitismus. Jahrhundertgenie im Zwielicht. Eine Korrektur.* Berlin 2000.

2. Der Antisemitismus Richard Wagners um 1850

> „Wer war es nun, der zuerst die Stirn hatte, in den
> Sphären der Bildungswelt offen und geradezu anzu-
> sprechen, er empfinde eine Idiosynkrasie gegen die Ju-
> den? Wer war es, der den Juden das Recht und die Fä-
> higkeit in einem bestimmten Kunstgebiete sich
> schaffend zu erweisen absprach? Es war Richard
> Wagner! Er begann den kühnen Frevel an der Bildung
> und Humanität"[61]

Der Ausgangspunkt für Diskussionen über antisemitische Spuren im künstlerischen Werk Richard Wagners ist seine Schrift *Das Judentum in der Musik*. Da es für das Verständnis, die Einordnung und die Beurteilung sowohl von Wagners Antisemitismus als auch für die Diskussion um antisemitische Zerrbilder im *Ring des Nibelungen* grundlegend ist, soll im Folgenden zunächst dieses Essay erläutert werden. Im Vordergrund dieser Erläuterung stehen auch biographisch-psychologische Ursachen für die Herausbildung des Wagnerschen Antisemitismus, die zeit- und musikhistorische Einbettung des Aufsatzes sowie sein Inhalt und die Publikationsgeschichte. Außerdem soll auf Parallelen zur Arbeit am *Ring*-Zyklus, die etwa zeitgleich beginnt, hingewiesen werden.

2.1 Ursachen für Wagners Antisemitismus

a) Die zwei Väter

Gründe für die Entwicklung des Antisemitismus bei Wagner mag es viele geben, jedoch werden meist zwei Punkte genannt, die für diese Ausprägung als hauptverant-wortlich gelten können. Der erste Punkt ist die angebliche, lebenslange Identitätskrise Wagners, die mit der ungeklärten Frage nach seinem leiblichen Vater zu begründen ist. Es war der von Wagner abgekehrte Friedrich Nietzsche, der 1888 erstmalig mit einem Wortspiel auf diese Ängste anspielte: Ein „Geyer" sei fast ein „Adler", meinte er in seinem Essay *Der Fall Wagner*[62] und spielte damit auf Wagners Stiefvater Ludwig Geyer an, den Wagners Mutter nach dem Tod ihres ersten Mannes Carl Friedrich Wilhelm Wagner geheiratet hatte. Richard Wagner war zu diesem Zeitpunkt

---

[61] Auerbach, *Richard Wagner*, S. 353.
[62] Nietzsche, *Der Fall Wagner*, S. 116. Der Familienname *Adler* galt damals als typisch jüdisch.

ein Jahr alt und trug Geyers Namen, bis er 14 Jahre alt war. Er änderte ihn nur, weil er wegen dieses jüdisch klingenden Namens, der angeblich jüdisch krummen Nase und seines Wohnsitzes im jüdischen Pelzhändlerviertel in Leipzig trotz seiner lutherisch-protestantischen Herkunft verspottet wurde. Letztlich kann die Frage, ob Geyer, mit dem Wagners Mutter schon vorher ein Verhältnis hatte, sein Vater war und ob dieser jüdische Wurzeln hatte, nur Hypothese bleiben und ihre Beantwortung hätte auch wenig Bedeutung. Entscheidend ist nämlich die „psychische Wahrheit", wie es Leon Poliakov nennt.[63] Dass für Wagner ein ungeklärtes Vater-Verhältnis ein psychologisch wichtiges Problem ist, wird in seinen Musikdramen deutlich. In diesen haben die männlichen Hauptfiguren meist ein ambivalentes Verhältnis zu ihren jeweiligem Vater, entweder kennen sie ihn nicht (Siegfried, Tristan, Parsifal), er ist früh verstorben (Walther von Stolzing) oder seine Herkunft bleibt für die Hauptfiguren ungeklärt (Siegfried und Siegmund kennen nicht einmal die Namen ihrer Väter). Als mögliche Erklärung für Wagners psychische Identität ist diese Hypothese also im Hinterkopf zu behalten.

b) Der dritte Vater - Meyerbeer

Der zweite Punkt, wichtiger noch als die Hinweise und Gerüchte aus der Kindheit, ist die Tatsache, wie sehr der junge Wagner künstlerisch von einem Komponisten jüdischer Herkunft beeinflusst wurde. Die Beziehung zu Giacomo Meyerbeer, die das Missverhältnis, welches Wagner zwischen sich und seiner musikalischen Mitwelt empfand, bestimmt, muss auch als entscheidend für die Ausbildung von Wagners Antisemitismus bewertet werden. Giacomo Meyerbeer blieb für Wagner ein lebenslanger Schatten[64] und einige Autoren nennen den Umgang Wagners mit Meyerbeer gar einen antisemitischen „Vatermord".[65]

Die beiden begegneten sich erstmals 1839 in Paris nach Wagners abenteuerlicher Flucht aus Riga vor seinen Gläubigern.[66] Paris dominierte in jener Zeit die europäi-

---

[63] Poliakov, *Geschichte des Antisemitismus*, Bd. 6, S. 237.
[64] Zum Verhältnis Wagner – Meyerbeer vgl. neben Katz, *Vorbote des Antisemitismus*, S. 80ff. auch Oberzaucher-Schüller [Hg], *Meyerbeer – Wagner*, bes. S .71ff.
[65] So etwa Fischer, *Richard Wagners ‚Das Judentum in der Musik'*, S. 77 und Hein, *Richard Wagners Kunstprogramm*, S. 50.
[66] Für ein besseres Verständnis der Beziehung Wagners zu Meyerbeer und ihrer prägenden Folgen ist es hilfreich, die Zeit, die Wagners Aufenthalt in Paris vorausging, zu beleuchten. Das würde jedoch den Rahmen dieser Arbeit sprengen. Für eine sehr gute Analyse zu Wagners Zeit als Kapellmeister in

sche Musikwelt und Meyerbeer war der gefeierte Opernstar seiner Zeit. Dem jungen Wagner, der ihn um Förderung ersuchte, war er sehr zugetan. Wagner wiederum bedankte sich bei Meyerbeer mit einschmeichelnden und unterwürfigen Briefen, die von einer solchen Schwärmerei geprägt sind, dass sie, so Peter Gay, heutigen Historikern beim Lesen peinlich sind.[67] Das ist angesichts der späteren, tiefen Abneigung gegen Meyerbeer bemerkenswert. Ebenso erstaunt, dass Wagner Meyerbeer in seinem ersten Brief an ihn als den „idealen deutschen Komponisten"[68] bezeichnet. Auf kritische Bemerkungen Schumanns Meyerbeer gegenüber erwidert Wagner: „Lassen sie doch Meyerbeer nicht mehr so herunterreißen; dem Manne verdank' ich Alles u. zumal meine sehr baldige Berühmtheit."[69] Allerdings fing Wagner bald an, den Komponisten Meyerbeer wegen seiner oberflächlichen Kompositionsweise zu attackieren, so in einem Brief an Hanslick von 1847, in dem er Meyerbeers Musik als trivial, innerlich zerfahren und äußerst mühsam bezeichnet.[70] Bald darauf beginnt Wagner, sich Meyerbeer ästhetisch und politisch zur „Beute" zu machen[71] und ihn hinsichtlich seiner Kunst zu diffamieren.

Als Ursache dieses Gesinnungswechsels wird meist der Neid Wagners auf den erfolgreichen und beliebten Opernstar angeführt.[72] Während Meyerbeer, der vermögende jüdische Komponist, eine glänzende Karriere gemacht hatte, die Wagner auch für sich erträumte, trifft der ehrgeizige und finanziell mittellose junge Komponist mit seinen musikalischen Werken nicht den Publikumsgeschmack. Wagner sucht nun nach Erklärungen, die vorrangig ihn selbst entlasten und Selbstzweifel nicht zulassen. Indem Wagner an eine Verschwörung gegen seine Person glaube, kann er sich „nunmehr als Opfer einer schreienden Ungerechtigkeit fühlen".[73] Jeden Misserfolg schiebt Wagner auf Meyerbeer sowie auf die einflussreichen, meist jüdischen Musikkritiker und „entwickelte dadurch einen ungeheuren Hass auf die Macht, die

---

Riga siehe: Spohr, Mathias: *Der adlige Komödiant und der Aufsteiger. Karl von Holtei und Richard Wagner in Riga*. In: Oberzaucher-Schüller [Hg], *Meyerbeer – Wagner*, S. 52-70.
[67] Vgl. Gay, *Wagner aus psychoanalytischer Sicht*, S. 257.
[68] Wagner an Meyerbeer, 4. Februar 1837. Abgedruckt in: Oberzaucher-Schüller [Hg], *Meyerbeer – Wagner*, S. 142-145. In der Tat hatte der in Berlin als Jakob Beer geborene Meyerbeer eine erstaunliche europäische Karriere beschritten.
[69] Wagner an Schumann, 29. Dezember 1840. Abgedruckt in: Ebd., S. 179.
[70] Wagner an Eduard Hanslick, 1. Januar 1847. Abgedruckt in: Ebd., S. 223.
[71] Wessling, *Meyerbeer. Wagners Beute – Heines Geisel*, S. 5.
[72] Vgl. z. B. Mahler-Bungers, *Die Rolle von Neid und Neidabwehr im Antisemitismus*, S. 71f. und Jahrmärker, *Wagners Aufsatz „Das Judenthum in der Musik*, S. 138f.
[73] Haubl, *Neidisch sind immer die anderen*, S. 88.

Meyerbeer in der Opernszene und die Juden in der Presse besaßen."[74] Dass Meyerbeers Erfolg nicht seinen musikalischen Fähigkeiten, sondern einzig seiner Zugehörigkeit zum Judentum zuzuschreiben sei, lag für Wagner demnach auf der Hand.

Peter Gay verweist auf einen psychoanalytischen Umkehrmechanismus, nach welchem Wagner, der keineswegs einem Juden alles verdanken wollte, als „sein eigener Herr" all das widerrief, was er zuvor in absolut übertriebener Schmeichelei gesagt und – wahrscheinlich – auch gedacht hatte. Indem er, so Gay, den Kampf gegen Meyerbeer zum welthistorischen Kampf zwischen deutscher Kultur und ausländischen Invasoren hochstilisiert, gestaltet er seine eigene Vergangenheit angenehm und für sich selbst passend aus und dies mit derselben Intensität, die er zuvor an den Tag gelegt hatte, um Meyerbeer zu schmeicheln. Wagners Hass dem zuvor Angebeteten gegenüber gipfelte in seinem Aufsatz *Das Judentum in der Musik*.

2.2 Richard Wagners Das Judentum in der Musik

Die Schrift[75] *Das Judentum in der Musik*, die im zeitlichen Umfeld von *Das Kunstwerk der Zukunft* und *Oper und Drama* entstand, erschien erstmals 1850 unter dem Pseudonym „K. Freigedank" in der von Robert Schumann gegründeten *Neuen Zeitschrift für Musik*[76]. Die Wahl eines Pseudonyms war durchaus berechtigt, denn ein Jahr nach der gescheiterten Revolution war es keineswegs günstig, offen antijüdische Äußerungen zu tätigen, zumal in der kulturtragenden linksliberalen Schicht, in der Wagner sich bewegte. Obwohl sich die antijüdische Stimmung in Deutschland nach den berüchtigten „Hep-Hep"-Ausschreitungen von 1819 deutlich beruhigt hatte[77], erscheint der Aufsatz dennoch nicht aus dem Nichts, sondern Wagner schaltet sich, wie er eingangs auch bemerkt, in eine bestehende musikwissenschaftliche

---

[74] Mahler-Bungers, *Die Rolle von Neid und Neidabwehr im Antisemitismus*, S. 72.

[75] In der Forschung sind auch die Bezeichnungen wie *Pamphlet, Traktat, Hetz-* und *Schmähschrift* gebräuchlich, um die Haltung der jeweiligen Autoren zu diesem Aufsatz von vornherein zu charakterisieren.

[76] Die *Neue Zeitschrift für Musik* war das Zentralorgan einer jungen neuen, im weitesten Sinne „romantischen" Musikauffassung. Nach Dahlhaus liegen diesem Programm drei Wurzeln zugrunde: Die Wertschätzung des Alten, wie es sich besonders an Bachs Musik festmacht; die Ablehnung der unmittelbaren Gegenwart, die für äußerlich und unkünstlerisch gehalten wurde und die Erwartung einer besseren Zukunft, für die man als Komponist und/oder Publizist eintreten wolle. Vgl. Dahlhaus, Carl: *Klassizität, Romantik, Modernität. Zur Philosophiegeschichte im 19. Jahrhundert*. In: Wiora, Walter (Hg.): *Die Ausbreitung des Historismus über die Musik*. Regensburg 1969, S. 261-276, hier S. 263f.

[77] Zur Zeitstimmung und zum deutsch-jüdischen Verhältnis in der ersten Hälfte des 19. Jh. vgl. Katz, *Vorbote des Antisemitismus*, S. 15-39; Pfahl-Traughber, *Antisemitismus in der deutschen Geschichte*. S. 39ff.; Poliakov, *Geschichte des Antisemitismus*, 6. Bd., S. 155ff.

Debatte ein.[78] Die von Theodor Uhlig angestoßene Diskussion um einen „hebräischen Kunstgeschmack"[79] nimmt Wagner zum Anlass, sich selbst als Opfer der „Musikjuden" darzustellen. Nach dem Beklagen des derzeitigen Kunstgeschmacks, geht Wagner auf den ersten Seiten der Schrift entschieden auf Distanz zu der weiteren Emanzipation der Juden, wie sie besonders nach 1848 vermehrt gefordert worden war.[80] Er annulliert die jüdische Emanzipation mit folgenden Worten:

> „Wie all unser Liberalismus ein nicht sehr hellsehendes Geistesspiel war, in dem wir für die Freiheit des Volkes uns ergingen, ohne Kenntnis dieses Volkes, ja mit Abneigung gegen jede wirkliche Berührung mit ihm, so entsprang auch unser Eifer für die Gleichberechtigung der Juden viel mehr aus der Anregung eines allgemeinen Gedankens als aus einer realen Sympathie."[81]

Unhaltbar wird nun folgende Rückblende zur Stützung seiner These zur Weltgeschichte:

> „Der Jude ist nach dem gegenwärtigen Stande der Dinge dieser Welt wirklich bereits mehr als emanzipiert; er herrscht und wird so lange herrschen, als das Geld die Macht bleibt vor der all unser Tun und Treiben seine Kraft verliert."[82]

Dabei sieht er die Juden weder religiös noch politisch als „hassenswürdige Feinde"[83], auf dem Gebiet der Religion wegen der Aufklärung nicht und in der Politik nicht, weil die Juden keine eigene politische Einheit bilden würden. Ihm geht es einzig, gewissermaßen als tagespolitisches Anliegen, darum, die „volkstümliche Abneigung

---

[78] Eine Darstellung und Analyse dieser musikästhetischen Diskussion findet sich bei: Dahm, *Topos der Juden*, S. 143ff.

[79] Wagner, *Das Judentum in der Musik*, S. 143. (Im Folgenden werden sämtliche Belegstellen aus Wagners *Judentum*-Aufsatz aus dem Abdruck in Fischers Dokumentation zitiert: Wagner, Richard: *Das Judentum in der Musik*. In: Fischer, Jens Malte: *Richard Wagners ‚Das Judentum in der Musik'. Eine kritische Dokumentation als Beitrag zur Geschichte des Antisemitismus*. Frankfurt a. M. u. Leipzig 2000, S. 139-196.)
Der Musiker Theodor Uhlig (1822-1853), ein enger Freund Wagners, hatte von April bis Juli 1850 in einer Artikelserie die Oper *Le Prophète* von Meyerbeer unter Zuhilfenahme sämtlicher abwertender Schlagwörter der Meyerbeer-Rezeption der 1830er und 1840er Jahre verrissen. Für sehr gute Analysen und die Einordnung der Diskussion vgl. Dahm, *Topos der Juden*, S.148-160 sowie Fischer, *Richard Wagners Judentum in der Musik*, S. 24-28.

[80] Um 1850 war das Formulieren von Argumenten gegen die aufklärerischen Ideale von Emanzipation und allgemeiner Menschlichkeit in der kulturtragenden bürgerlichen und linksliberalen Schicht, zu der Wagner zählte und die Adressat seiner Schriften war, schwierig. Nach Mahler-Bungers ist Wagners Schrift gerade hierin ein Wendepunkt vom klassischen zum modernen Antisemitismus. Das Ringen Wagners um neue Argumentations- und Begründungszusammenhänge ziele darauf ab, „uralte und tradierte Judenbilder mit „modernen" Denkschemata in Einklang zu bringen". Vgl. Mahler-Bungers, *Die Rolle von Neid und Neidabwehr im Antisemitismus*, S. 67.

[81] Wagner, *Das Judentum in der Musik*, S. 144.

[82] Ebd., S. 146.

[83] Ebd., S. 144.

auch unserer Zeit gegen jüdisches Wesen [...] in Bezug auf die Kunst, und namentlich die Musik"[84] aufzuzeigen.

Wagner schneidet in seiner Schrift zahlreiche Themenbereiche an, die zwar durchaus mit dem Judendiskurs des 19. Jahrhunderts in Verbindung standen, jedoch eher als eine Aneinanderreihung anti-jüdischer Argumente mit einer deutlich verleumderischen Polemik erscheinen. Angereichert ist die Schrift mit vielen zum Teil unverständlichen Gedankengängen, deren Motive im Dunkeln bleiben. Sie kommen aus den Themen Religion, Sprache und Aussehen, Emanzipation, Wirtschaft, Gesellschaft, Fortschritt, Musik und Literatur. Im Folgenden werden einige für die Zielsetzung dieser Untersuchung und für die Argumentation der Diskutanten relevante Themenbereiche näher betrachtet, da sich die meisten Diskussionsbeiträge mehr oder weniger deutlich auf Aussagen Wagners in *Das Judentum in der Musik* berufen.

a) Äußere Erscheinung

Im Anschluss an die oben beschriebene Einleitung liefert Wagner seine allgemeinen stereotypen physiologischen Beschreibungen des Juden.

> „Der Jude[85] [...] fällt uns im gemeinen Leben zunächst durch seine äußere Erscheinung auf, die, gleichviel welcher europäischen Nationalität wir angehören, etwas dieser Nationalität unangenehm Fremdartiges hat: wir wünschen unwillkürlich mit einem so aussehenden Menschen nichts gemein zu haben."[86]

Mag dies, so Wagner, für die Juden in früheren Zeiten eher negativ gewesen sein, so sähen diese dies ob ihrer Erfolge heutzutage jedoch eher als eine Anerkennung an.

Sodann wendet sich Wagner der Kunst zu: Er unterstreicht die Unmöglichkeit, dass Juden beispielsweise Gegenstand der darstellenden Kunst sein könnten. Seine Ablehnung gipfelt in der Feststellung, dass man sich auf einer Theaterbühne unmöglich einen „antiken oder modernen Charakter, sei es ein[en] Held[en] oder ein[en] Liebende[n], von einem Juden dargestellt denken [könne], ohne unwillkürlich das bis

---

[84] Ebd.

[85] Die generische Form „der Jude" findet sich sicherlich auch schon in der Zeit vor Wagner, aber nur selten in dieser Intensität. „Zu Beginn spricht er noch im Plural von *den Juden*, um dann mehr und mehr den allegorisierenden Plural *der Jude* zu benutzen. Diesem Plural setzt er polarisierend das starke *Wir* entgegen. Als Allegorie kann *der* (entindividualisierte) *Jude* jetzt isoliert, ausgegrenzt und zum Container von Projektionen des *Wir* werden". Mahler-Bungers, *Die Rolle von Neid und Neidabwehr*, S. 71.

[86] Wagner, *Das Judentum in der Musik*, S. 148.

zur Lächerlichkeit Ungeeignete einer solchen Vorstellung zu empfinden."[87] Es ist für Wagner das Äußere der Gattung, das Jüdische also, das die fehlende Befähigung „zur künstlerischen Äußerung seines Wesens"[88] impliziert.[89]

b) Sprache

Das für Wagner entscheidende Merkmal der Fremdheit der Juden in einer nichtjüdischen Umgebung ist jedoch die „jüdische" Sprache, vielmehr die angebliche Unfähigkeit der Juden, sich die Sprache der Nation, in der sie leben, anzueignen:[90] „Der Jude spricht die Sprache der Nation, unter welcher er von Geschlecht zu Geschlecht lebt, aber er spricht sie immer als Ausländer."[91] So fehle es ihm logischerweise auch an dem Verständnis für den Geist und die Kunst dieser Nation, weshalb er auch nur in der Lage sei, nachzusprechen oder nachkünstelnd tätig zu sein.[92]

Von der Sprache der Dichtkunst kommt er nun „präzisierend" auf die Sprache der Juden im Allgemeinen und ihren Klang zu sprechen: „Im besonderen widert uns nun aber die rein sinnliche Kundgebung der jüdischen Sprache an".[93] Ob er hiermit das Jiddisch meint oder die deutsche Sprache, von Juden gesprochen, lässt er offen. Bereits der Klangausdruck der jüdischen Sprache sei abscheulich und es fehle ihm gänzlich rein menschlicher Ausdruck.

> „Als durchaus fremdartig und unangenehm fällt unserem Ohre zunächst ein zischender, schrillender, summsender und murksender Lautausdruck der jüdischen Sprache auf [...]. Hören wir einen Juden sprechen, so verletzt uns unbewusst aller Mangel rein menschlichen Ausdruckes in seiner Rede."[94]

---

[87] Ebd., S. 148f.

[88] Ebd.

[89] Interessant ist hierzu die veränderte sprachliche Fassung von 1869: „einen Menschen, dessen Erscheinung wir zu künstlerischer Kundgebung, nicht in dieser oder jener Persönlichkeit, sondern allgemein hin seiner Gattung nach, für unfähig halten müssen, dürfen wir zur künstlerischen Äußerung *rein menschlichen Wesens* überhaupt für ebenfalls unfähig halten." (Hervorhebung M.G.)

[90] Damit ist Wagner der erste, der die Juden als Gegensatz zu den Deutschen auffasst und dabei das religiöse Unterscheidungsmerkmal mit dem völkischen austauscht. Zuvor wurden die Juden immer als Gegensatz zu den Christen gesehen. Dies impliziert auch, dass eine Konvertierung aus der Sicht Wagners nicht dazu geeignet war, das Judentum von sich abzustreifen. Dadurch, dass Wagner den Juden mit dieser Aussage quasi die Heimat nimmt – sie zu Nichtdeutschen erklärt – bereitet er als Erster wegweisend den Nährboden für die Argumentationen späterer Rassentheoretiker.

[91] Wagner, *Das Judentum in der Musik*, S. 149. Diese Aussage liegt gleichsam parallel zu der Aussage in *Oper und Drama*, dass auch in der modernen Sprache der bestehenden Gesellschaft nicht gedichtet werden könne, da sich jene - als eine funktional ausgerichtete - an den Verstand und nicht an das Gefühl richten würde. (Vgl. Bermbach, *Der Wahn des Gesamtkunstwerks*, S. 268f.)

[92] Ebd., S. 150.

[93] Ebd.

[94] Ebd., S. 151.

Wagner geht davon aus, dass die Komposition und die Dichtung eines Kunstwerks der Zukunft, wie er es konzeptioniert hatte, unabdingbar von der Sprache des Künstlers abhängen und wahre künstlerische Eingebungen allein durch die Muttersprache abgeleitet werden können. Hier verbindet Wagner Gedanken der historischen Sprachwissenschaft mit einem radikalen Nationalbegriff.

> „Nicht mehr der tatsächliche Anteil an Verkehr und Geisteskultur, sondern die auf Abstammung gegründete unbewusste Aufnahme der Sprache in einer Gemeinschaft sollte die Fähigkeit zur literarischen und musikalischen Sprachkunst begründen."[95]

Wagner, der in vielem ein Epigone war, wird hier in einer eklektizistisch-pseudowissenschaftlichen Argumentationslinie zum Vorreiter für spätere Rassentheoretiker.

c) Musik

Erst jetzt wendet sich Wagner der Musik zu. Da der Gesang nichts anderes als die in „höchster Leidenschaft erregte Rede"[96] sei, liege es auf der Hand, dass der jüdische Gesang so unausstehlich sei. „Alles, was in seiner äußeren Erscheinung und seiner Sprache uns abstoßend berührte, wirkt in seinem Gesange auf uns endlich davonjagend."[97] Weil der Jude in der bildenden Kunst oder Architektur keinen Erfolg habe erzielen können, habe er sein ganzes Augenmerk auf das Feld der Musik gerichtet.[98] Als Fremder stehe der Jude in einer Gesellschaft und Kultur, die er nicht verstehen könne, deren Entwicklung und Geschichte ihm gleichgültig geblieben seien.[99] Gerade aber „die Musik, die [...] durch den Drang und die Kraft der größten Genies auf die Stufe allgemeinster Ausdrucksfähigkeit erhoben worden war"[100], mache es Nachahmern recht einfach, etwas zu reden, ohne etwas Wirkliches zu sagen; dementsprechend biete sie dem nachäffenden Element jüdischer Kunstauffassung genügend Raum zur Betätigung[101]. Geschichtsverwurzelung und Schöpfertum verbindet Wagner ganz zeitgemäß,[102] wenn er voraussetzt, dass ein Künstler nur aus seiner

---

[95] Althaus, *Mauscheln*, S. 70.
[96] Wagner, *Das Judentum in der Musik*, S. 152.
[97] Ebd.
[98] Ebd., S. 153.
[99] Ebd., S. 154.
[100] Ebd., S. 155.
[101] Ebd., S. 156.
[102] Diese Verknüpfung von Geschichtsverwurzelung und dem Schöpfertum des Künstlers speist sich aus einer von Herder und später von den Romantikern entwickelten Idee über das „Schöpferische" und

Verbindung zum „Volksgeiste", zum „natürlichen Boden" seines Volkes überhaupt schöpferisch werden könne. Hingegen könne als einzige Quelle volkstümlicher Motive im Bereich der Musik die Musik der Synagoge gesehen werden; in Gehalt und in Form sei diese Musik jedoch nie durch Erneuerung belebt, geschweige denn modernisiert worden.[103] „Wer ist nicht von der widerwärtigsten Empfindung, gemischt von Grauenhaftigkeit und Lächerlichkeit, ergriffen worden beim Anhören jenes Sinn und Geist verwirrenden Gegurgels, Gejodels und Geplappers, das keine absichtliche Karikatur widerlicher zu entstellen vermag, […]"[104], charakterisiert Wagner diese Musik.

Der Jude könne ferner nur oberflächlich in unsere Musik eindringen, daher vermag er es, sich auch nur die Oberfläche dieser Musik anzueignen und sie, wobei er „die verschiedenen Formen und Stilarten aller Meister und Zeiten"[105] durcheinanderwerfe, widerzuspiegeln. So „[müssen wir] die Periode des Judentums in der modernen Musik geschichtlich als die der vollendeten Unproduktivität, der verkommenen Stabilität bezeichnen."[106], resümiert Wagner.

d) Geld

Ein anderes Thema, das Wagner immer wieder in seiner Schrift aufgreift, ist der Vorwurf des Schacherns, das Bild des „Judenwucherers". So hätten die Juden „den öffentlichen Kunstgeschmack unserer Zeit zwischen die geschäftigen Finger gebracht".[107] Wagner äußert in dieser harschen Form Kritik an dem vermeintlich bedrohlichen und mächtigen jüdischen Geldadel – dem späteren Bild des „Welt- bzw. Finanzjudentums" – um die Teilhabe der Juden an der Kultur abzuwerten. Nur mithilfe ihres Geldes seien diese in der Lage, einen Zugang zur modernen Bildung zu erhalten, die daher nur an der Oberfläche bleibe. Nur dadurch, dass „das Geld zum wirklich machtgebenden Adel erhoben ward"[108], konnte es den Juden gelingen, den

---

das „Schöpfertum". Vgl. Mahler-Bungers, *Die Rolle von Neid und Neidabwehr im Antisemitismus*, S. 70.

[103] Wagner, *Das Judentum in der Musik*, S. 158.

[104] Ebd., S. 158f.

[105] Ebd., S. 161.

[106] Ebd., S. 162f.

[107] Ebd., S. 146.

[108] Ebd., S. 153.

öffentlichen Geschmack zu gewinnen. Der Jude[109] stehe lediglich „mit denen in Zusammenhang, welche sein Geld bedürfen: nie hat es aber dem Gelde gelingen wollen, ein gedeihenvolles Band zwischen Menschen zu knüpfen."[110]

e) Mendelssohn und Meyerbeer

Im zweiten Teil des Aufsatzes wendet sich Wagner nun jüdischen Repräsentanten der deutschen Musik zu. Bei Felix Mendelssohn Bartholdy ist sein Ton geradezu mitleidig, wenn er schreibt, dieser sei mit einer spezifisch musikalischen Begabung wie nur wenige Musiker vor ihm sowie allerbester Bildung ausgestattet. In diesem, „völlig tragischen Konflikt"[111] gelinge es Mendelssohn nicht, „auch nur ein einziges Mal die tiefe, Herz und Seele ergreifende Wirkung auf uns hervorzubringen".[112] Für die entscheidende musikalische Produktivität „hörte für Mendelssohn selbst alles formelle Produktionsvermögen auf."[113]

Bei Meyerbeer, seinem großen Rivalen in der europäischen Opernszene, der im Gegensatz zu Mendelssohn beim ersten Erscheinen des Aufsatzes noch lebt, schlägt Wagner einen wesentlich gehässigeren, ja bösartigen Ton an. Fernab von jeglicher Realität beschreibt er die Karriere Meyerbeers, den er namentlich in dem Aufsatz nicht erwähnt, als fortwährende Täuschung des Publikums, die zu dessen Lebensaufgabe geworden sei. Die künstlerischen Mittel dazu näher zu bezeichnen, hält er für sinnlos.

> „Wir glauben wirklich, dass er Kunstwerke schaffen möchte und zugleich weiß, dass er sie nicht schaffen kann: um sich aus diesem peinlichen Konflikte zwischen Wollen und Können zu ziehen, schreibt er für Paris Opern und lässt diese dann in der übrigen Welt aufführen. [...] Das rein persönliche in dem gekränktem Interesse macht die Erscheinung [Meyerbeers] zu einer tragikomischen, wie überhaupt das Kaltlassende, wirklich Lächerliche, das Bezeichnende des Judentums"[114]

sich laut Wagner in der Person Meyerbeers wiederfände.

Aber am meisten hat der Schluss des Aufsatzes die Gemüter in der Wagner-Debatte erhitzt, in dem er die Juden, auf Börne Bezug nehmend, auffordert:

---

[109] Gemeint sind hier auch diejenigen Juden, die versucht hatten, sich durch die christliche Taufe von ihrer Herkunft loszusagen. Vgl. ebd., S. 154.
[110] Ebd., S. 154.
[111] Ebd., S. 163.
[112] Ebd.
[113] Ebd., S. 164.
[114] Ebd., S. 169.

„Nehmt rückhaltlos an diesem selbstvernichtenden, blutigen Kampfe teil, so sind wir einig und untrennbar! Aber bedenkt, dass nur eines eure Erlösung von dem auf euch lastendem Fluche sein kann: die Erlösung Ahasvers – der *Untergang!*"[115]

Bei solchen Phrasen ist die Verlockung natürlich groß, eine direkte Traditionslinie zum Holocaust zu ziehen. Auch wenn sich über die Aussage des letzten Satzes trefflich streiten lässt, ist es vor dem historischen Hintergrund des 19. Jahrhunderts unwahrscheinlich, dass Wagner eine physische Vernichtung der Juden meinte und damit den eliminatorischen Antisemitismus des Nationalsozialismus vorweggenommen hätte. Es gibt allerdings auch etliche Forscher, die Wagner anhand dieser Textstelle einen „Vernichtungsantisemitismus" unterstellen[116] und die meist tödlichen Erlösungsszenarien in seinen Opern lassen diese Argumentation auch plausibel erscheinen, aber selbst Houston Stewart Chamberlain versteht diese Stelle im Sinne „des gemeinschaftlich mit uns Mensch [zu] werden"[117], auch wenn uns der tiefere Sinn dieser Aussage verschlossen bleibt.

Grundsätzlich kann der Aussage Fischers über Wagners Antisemitismus und *Das Judentum in der Musik* zugestimmt werden: „Er hat mit dem Gewicht seiner Berühmtheit einer schändlichen Gesinnung Umriss und Stimme gegeben, er hat eine Bierkellerideologie zur Salon- und Kulturfähigkeit geadelt."[118] Gerade durch die vielen Präzisierungen in der Schrift und das Säkularisieren des christlichen Antijudaismus hat der Aufsatz eine nicht zu unterschätzende Wirkung auf die Erbauer des nationalsozialistischen Ideologiegebäudes.

---

[115] Wagner, *Das Judentum in der Musik*, S. 169. (Hervorhebung im Original!)
[116] Stellvertretend für viele andere: Zelinsky, *Verfall, Vernichtung, Weltentrückung*, S. 318. Insgesamt ist festzustellen, dass diejenigen, die in Wagners Opern antisemitische Zerrbilder festmachen, den Schlusssatz des *Judentum*-Aufsatzes auch eher wörtlich verstehen.
[117] Chamberlain, *Richard Wagner*, S. 225. Zu Chamberlains Wagner-Biographie und dessen Beurteilung von Wagners Antisemitismus siehe auch: Bermbach, Udo: *Persona non grata. Der Revolutionär Richard Wagner im Spiegel zweier Biographien*. In: Ders. u. Vaget, Hans Rudolf [Hgg.]: *Getauft auf Musik. Festschrift für Dieter Borchmeyer*. Würzburg 2006, S. 325-340.
[118] Fischer, *Richard Wagners ,Das Judentum in der Musik'*, S. 132.

2.3 Das Judentum und die Nibelungen

Etwa zur gleichen Zeit wie die Niederschrift des *Judentum*-Aufsatzes beginnt Wagner die Arbeit am *Ring des Nibelungen*. Zunächst als Drama *Siegfrieds Tod* geplant, wuchert das Projekt im „Krebsgang" zur Tetralogie aus.[119] Für die vorliegende Untersuchung der Argumente zur jüdischen Charakterzeichnung im *Ring des Nibelungen* ist der zeitliche und inhaltliche Zusammenhang der Arbeit am *Ring* und der Veröffentlichung von *Das Judentum in der Musik* wichtig. Die Bilder, mit denen Wagner die Nibelungen zeichnet, bauen auf denselben Stereotypen auf wie die Charakterisierung der Juden. Im Prosaentwurf zu *Siegfrieds Tod* heißt es beispielsweise: „Sie heißen Nibelungen; in unsteter rastloser Regsamkeit durchwühlen sie (gleich Würmern im toten Körper) die Eingeweide der Erde"[120] und das erinnert fatal an die „wimmelnde Viellebigkeit von Würmern"[121] im *Judentum*-Pamphlet. Auch andere Bilder sind problemlos austauschbar und wenn man im *Judentum*-Aufsatz die Juden durch Zwerge ersetzt, erhält man eine Beschreibung, die der Charakterzeichnung der Nibelungen im *Ring* erstaunlich ähnlich ist.

Einen weiteren Zusammenhang zwischen der Entstehung des *Ring* und der *Judentum*-Schrift betont Reinhold Brinkmann. Wagners Neudefinition der „Mime-Figur als des schlechthin Anderen", die zwischen 1849 und 1851 erfolgte, also im selben Zeitraum wie das Verfassen des *Judentum*-Aufsatzes – habe das Pamphlet als Voraussetzung.[122]

---

[119] *Siegfrieds Tod* wurde später als letzter Teil der Tetralogie in *Götterdämmerung* umbenannt. Zur Entstehungsgeschichte des *Ring des Nibelungen* vgl. Wapnewski, *Weißt du wie das wird*, S. 19-64.
[120] Wagner, Richard: *Der Nibelungen-Mythus. Als Entwurf zu einem Drama*. In: *GSD*, 2. Bd., S. 156-166, hier S. 156.
[121] Wagner, *Das Judentum in der Musik*, S. 172.
[122] Brinkmann, *Lohengrin, Sachs und Mime*, S. 221. Brinkmann führt in dem Aufsatz chronologisch die Wandlung Mimes von einer positiven Figur in den ersten Skizzen Wagners zum bösen, hässlichen Zwerg im endgültig dritten Teil der *Ring*-Tetralogie aus.
Auch die Neuveröffentlichung des *Judentum*-Pamphlets gut 20 Jahre später steht, so Brinkmann, in Zusammenhang mit dem *Ring*. Nach den Tagebüchern Cosimas arbeitet Wagner gleichzeitig an der Neuauflage des Aufsatzes und der Reinschrift des zweiten Aktes von *Siegfried*, in dem Siegfried den Schlangenwurm und Mime tötet. Vgl. ebd., S. 228.

3. Ausgewählte *Ring*-Deutungen bis 1945

> Die Quelle trifft keine Schuld, wenn ein Fluss zur Kloake wird. (*vietnamesisches Sprichwort*)

3.1 Romantik und Germanentum

Schon bei der Uraufführung des *Ring des Nibelungen* bei der Einweihung des Bayreuther Festspielhauses 1876 beginnt die politische Verortung der Tetralogie. Zunächst dergestalt, dass ihr eine hermeneutisch-politische Deutung verweigert wird, denn Heinrich Porges spricht ihr entgegen Wagners Diktum, im *Ring des Nibelungen* habe seine „ganze Weltanschauung [...] ihren vollendetsten künstlerischen Ausdruck gefunden"[123], in der wohl ersten als authentisch geltenden *Ring*-Deutung romantisierend jede Ideologie und politische Vereinnahmung ab und konzentriert sich auf die musikalischen Aspekte wie die Leitmotivik und das Verhältnis von Text und Musik sowie auf aufführungspraktische Probleme wie die Gestaltung der Bühnenbilder und die Eigentümlichkeiten des Bayreuther Festspielhauses.[124] Nach Bermbach waren „gesellschaftskritische, gar revolutionäre Implikationen" in Bayreuth „*nicht mehr* erwünscht"[125]. Eine Gegenposition dazu bezieht Weiner, der der Ansicht ist, das zeitgenössische Publikum habe die versteckten antisemitischen Stereotype als Codes – und damit als eine politisch-ideologische Komponente – verstanden und sie im Sinne Wagners richtig gedeutet.[126]

Die offizielle Entpolitisierung wird erst ab 1907 aufgehoben[127], mit dem Erscheinen einer breit angelegten *Ring*-Deutung von Felix Gross, dem Privatsekretär des Wagner-Schwiegersohns und Rassentheoretikers Houston Stewart Chamberlain. Die Exegese von Gross deutet den *Ring* als „neuen germanischen Mythos" und erklärt die germanische Geschichte zur Vorstufe des Christentums. Gross zielt auf den „arischen

---

[123] Brief von Wagner an Theodor Uhlig vom 31. Mai 1852. Abgedruckt in: Wagner, *Sämtliche Briefe*, Bd. 4, S. 385.
[124] Vgl. Bermbach, *Reine Kunst*, S. 68.
[125] Ebd. (Hervorhebung M.G.). Das „nicht mehr" deutet wohl darauf hin, dass politische Lesarten bei den Uraufführungen von *Rheingold* und *Die Walküre* (1869 bzw. 1870) durchaus legitim und erwünscht waren.
[126] Weiner, *Antisemitische Fantasien*, S. 53f. Für eine weitergehende Ausführung siehe Kap 5.2 bis 5.5, S. 54-62.
[127] Bermbach, *Reine Kunst*, S. 70.

Mythos" und den Kampf zwischen „edlem und unedlem Menschengeschlecht"[128] ab. Bermbach kritisiert diese Umdeutung von Wagners radikaler Kritik an Politik und Macht in „einen alle Politik beherrschenden Rassenkampf [...], wobei merkwürdigerweise alle Arier, Wotan, Siegmund und Siegfried untergehen, während der Nichtarier Alberich überlebt"[129].

3.2 Gustav Mahler

Einer der frühesten Belege zur jüdischen Figurenrezeption bei Wagner – und damit steigen wir auch vollends in die Debatte um antisemitische Zerrbilder im *Ring* ein – ist eine briefliche Äußerung Gustav Mahlers[130], der immerhin auch einer der bedeutendsten Dirigenten seiner Zeit war und der an der Wiener Hofoper auch den *Siegfried* dirigierte. In einem Brief vom 23. September 1898 schreibt er an Nathalie Bauer-Lechner:

> „Diese Gestalt [Mime] ist die leibhaftige, von Wagner gewollte Persiflage eines Juden (in allen Zügen, mit denen er sie ausstattete: der kleinlichen Gescheitheit, Habsucht und dem musikalisch wie textlich trefflichen Jargon)."[131]

Mit Jargon dürfte die als andersartig, nervös, nasal und hoch empfundene jüdische Stimme gemeint sein, wie sie Wagner im *Judentum*-Aufsatz beschrieben hatte.[132] Diese Äußerung wird selbst im wagnerkritischen Lager unterschiedlich beurteilt. Während für Weiner Mahler damit ausspricht, was „Wagners Zeitgenossen klar war"[133], tut Mahler für Scheit hier Privates kund, „gleichsam hinter vorgehaltener Hand [...] Geheimwissen und common sense in einem"[134]. Auf der anderen Seite erwähnt Danuser den Brief Mahlers lediglich als Anmerkung[135] und Bermbach weist darauf hin, dass Mahler „nicht die vorherrschende Auffassung über den Rollencha-

---

[128] Gross, Felix: *Die mythischen Gruppen im Ring*. In: Bayreuther Blätter 32 (1909), S. 86-98, hier S. 86 und 93. Zitiert nach: Bermbach, *Reine Kunst*, S. 70.
[129] Bermbach, *Reine Kunst* S. 70.
[130] Auch Mahler war massiven Vorwürfen ausgesetzt, seine Musik wäre „künstlich" und würde „jüdeln". In Argumentation und Vokabular ist diese Kritik stark an Wagners *Judentum in der Musik* angelehnt. Zur Weiterführung vgl. Celestini, Federico: *Der Trivialitätsvorwurf an Gustav Mahler. Eine diskursanalytische Betrachtung (1889-1911)*. In: *Archiv für Musikwissenschaft*, 62. Jg., Heft 3, 2005, S. 165-176.
[131] Brief von Mahler an Nathalie Bauer-Lechner, 23. September 1898. Abgedruckt in: Kilian, *Gustav Mahler*, S. 122.
[132] Vgl. Wagner, *Das Judentum in der Musik*, S. 151. Siehe auch Kap. 2.2b, S. 27.
[133] Weiner, *Antisemitische Fantasien*, S. 172.
[134] Scheit, *Verborgener Staat*, S. 278.
[135] Danuser, *Universalität oder Partikularität?*, S. 86.

rakter Mimes" wiedergibt, sondern ausdrücklich seine „eigene individuelle Meinung"[136]. Allerdings muss man dem entgegenhalten, dass Mahler beileibe nicht der erste ist, der sich dergestalt äußert. Schon 1888 beanstandete – wie Drüner herausfand – ein anonymer Rezensent der ersten Stuttgarter *Rheingold*-Aufführung, Mime würde „mit allzu semitischen Tone" gesungen werden[137], was dafür spricht, dass diese Lesart in jener Aufführung zum Tragen gekommen sein wird.

Für Halbach finden sich in dem Mahler-Zitat „konzentriert die zentralen Elemente, welche für die Karikatur jüdischer Figuren auf der Opernbühne ausschlaggebend sind"[138]. Diese Elemente seien erstens eine „leibhaftige", also realistische Darstellung der persiflierenden Stereotype, wodurch mit den geeigneten Mitteln eine hohe Authentizität erreicht werde; zweitens die Annahme eines Jargons, der den Juden eigen ist, sowohl auf textlicher als auch auf musikalischer Ebene, um diese realistische Darstellung auch zu erreichen und drittens das *gewollte* Umsetzen der Persiflage durch Wagner.[139]

3.3 George Bernard Shaw

Als Kritik am Kapitalismus fasst George Bernard Shaw in seiner 1898 erschienenen Anleitung für den perfekten Wagnerianer[140] die Tetralogie auf. Der *Ring* ist für ihn „ein Drama der Gegenwart und nicht eines aus ferner und sagenhafter Vorzeit"[141] und so stößt er in Alberichs Bergwerk auf eine „poetische Vision des zügellosen industriellen Kapitalismus"; die Tarnkappe dachte er sich als Zylinder, denn der verwandle einen „Aktionär in einen frommen Christen" und der Ring Alberichs stehe für Macht und Macht erzeugendes Kapital[142]. Damit korrespondieren Shaws Anmerkungen mit der Sicht Wagners auf das „Finanzjudentum" im *Judentum*-Aufsatz.[143]

---

[136] Bermbach, *Blühendes Leid*, S. 348.
[137] Drüner, *Schöpfer und Zerstörer*, S. 211.
[138] Halbach, *Im Schatten Mimes*, S. 181.
[139] Vgl. ebd., S. 182. Für Halbach ist die musikalische Darstellung Mimes Vorbild für die jüdische Darstellung von Figuren in Strauss' *Salome* und Busonis *Die Brautwahl*.
[140] Shaw, George Bernard: *Wagner-Brevier*. (Original: *The perfect Wagnerite*. London 1898.) Frankfurt a. M. 1976.
[141] Ebd., S. 21.
[142] Ebd., S. 39ff.
[143] Siehe Kap. 2.2d, S. 29.

Auch wenn Shaw die Nibelungen nicht direkt mit dem Judentum in Verbindung bringt, fußen doch spätere Interpretationen, die in Alberich den „Börsenjuden"[144] erkennen wollen, auf Shaws *Ring*-Deutung und außerdem ist Shaw einer der ersten, die dem *Ring* ideologische Implikationen nachsagen und Wagners Antisemitismus in seinen Kerngedanken einem „linken", d.h. die Juden als Exponenten des Kapitals verstehenden Antisemitismus zuordnen.[145]

3.4 Alfred Einstein

Ein bislang von der Forschung nicht beachteter Aufsatz des jüdischen Musikwissenschaftlers Alfred Einstein aus dem Jahr 1927 vermag uns Hinweise geben, dass eine antisemitische Lesart des *Ring* keineswegs unüblich war. In dem 12-seitigen Aufsatz *Der Jude in der Musik*, der die Darstellung von Juden in Werken von Vecchis *L'Amfiparnaso* über Schütz' und Bachs Passionen, Rossinis *Diebische Elster* bis hin zu Mussorgskys *Bilder einer Ausstellung* und Strauss' *Salome* thematisiert, findet sich ein Bezug auf die „Nachtgestalten" Wagners, den er den „eigentlichen Antisemiten unter den Musikern" nennt:

> „Alberich und Mime, die Nibelungen; Kundry, das Zauberweib – sie sind Wagner und den Wagnerianern Symbol des Jüdischen: dort des Materialismus, der nur durch die Selbstvernichtung der Welt vernichtet werden kann, hier des Triebs, des Egoismus der Sünde, des Bösen an sich, das wieder nur durch Auflösung Erlösung findet. Aber auch Wagner war so groß, so objektiv, dass man nirgends bei ihm an ‚jüdische' Realität erinnert wird. Es gibt Szenen, die an der Grenze stehen, so etwa die Keifszene zwischen den beiden Brüdern im zweiten Akt des Siegfried; man muss überhaupt bedenken, dass Nibelheim nichts anderes ist als ein mythisches Ghetto, das beide Typen der Brüder erzeugt: den kleineren, gewitzten, schleichenden, erregbaren des Mime, den der unter furchtbarem Druck auch furchtbaren Dämonik des Alberich."[146]

Dieses Zitat ist deswegen bemerkenswert, weil es in seiner Rhetorik an die Debatte der 80er Jahre erinnert, die stark von der Erfahrung des Holocaust geprägt ist.[147] Besonders die Beschreibung von Mime lässt an Stereotypen denken, mit denen

---

[144] Wagner selbst bietet einen Anhaltspunkt auf die Verbindung vom Bild des Börsenjuden mit der Figur des Alberich. In seiner Spätschrift *Erkenne dich selbst* (1881) allegorisiert er Alberichs Ring als „Börsenportefeuille", der „das schauerliche Bild des gespenstigen Weltbeherrschers zur Vollendung" bringen würde. Wagner, *SSD*, Bd. 10, S. 268.

[145] Vgl. Bermbach, *Der Wahn des Gesamtkunstwerks*, S. 276ff.

[146] Einstein, *Der Jude in der Musik*, S. 599.

[147] Siehe Kap. 4.2, S. 45ff.

besonds Ostjuden belegt wurden.[148] Damit können Alberich und Mime auf der Handlungsebene als Chiffre für das Bruderpaar reicher Westjude – armer Ostjude bei Einstein eingeordnet werden.[149]

3.5 Theodor W. Adorno

Den nachhaltigsten Eindruck auf die Wagner-Rezeption bis heute – auch in der hier behandelten Frage – machte Theodor W. Adorno mit seinem erst 1952 veröffentlichten, aber schon 1937 verfassten *Versuch über Wagner*, der bei „aller Schärfe der Kritik am Sozialcharakter Wagners doch zentrale positive Wertungen des Wagnerschen Werks enthält"[150]. Adorno behauptet darin:

> „Der Widerspruch zwischen der Verhöhnung der Opfer und der Selbstdenunziation definiert den Wagnerschen Antisemitismus. Der Gold raffende, unsichtbar-anonyme, ausbeutende Alberich, der achselzuckende, geschwätzige, von Selbstlob und Tücke überfließende Mime, der impotente intellektuelle Kritiker Hanslick-Beckmesser: All die Zurückgewiesenen in Wagners Werk sind Judenfiguren."[151]

Für Borchmeyer, für den „antisemitische Elemente in Wagners Musikdramen nicht nachweisbar [und damit wohl auch nicht vorhanden, M.G.] sind"[152], hat Adornos Hypothese durch Wiederholung und vermeintliche Präzisierung „fast den Charakter einer verbürgten Tatsache"[153] und für Danuser setzt sie „logisch unzulässig und sachlich verräterisch [...] negative Charakterzeichnung im Allgemeinen und jüdisch-negative im besonderen gleich"[154]. Dabei ist Adornos Behauptung nicht einfach so in den Raum gestellt, sondern durch ein ausführliches analytisches Vorgehen begründet. So zieht er eine Parallele zwischen der Darstellung Mimes im *Ring* und der Beschrei-

---

[148] Vgl. Jütte, „*Mendele Lohengrin" und der koschere Wagner*, S. 125.
[149] Siehe Anm. 275.
[150] Brinkmann, *Wagners Aktualität für den Nationalsozialismus*, S. 116.
[151] Adorno, *Versuch über Wagner*, S. 21.
[152] Borchmeyer, *Ahasvers Wandlungen*, S. 536.
[153] Ebd., S. 264. Borchmeyer spielt damit auf Zelinsky, Rose und besonders Weiner an, die er - in Bezug auf Adornos These - auffordert, sie mögen doch bitte begründen „warum Wagner, der aus seinen antijüdischen Affekten nie einen Hehl gemacht hat, diese Spuren so sorgfältig verwischt hat, dass sie ohne pure Spekulation [...] schwerlich zu entdecken sind." (Ebd., S. 536) Dass besonders Rose und Weiner mehrfach Erklärungen für diesen Umstand anbieten, verschweigt Borchmeyer. Die Polemik des Nichtbeachtens der Forschungsergebnisse der Gegenseite ist charakteristisch für die hier behandelte Debatte.
[154] Danuser, *Universalität oder Partikularität*, S. 86.

bung der „jüdischen" Sprache im *Judentum*-Aufsatz, die „keinen Zweifel [lasse], aus welchen Quellen die Unwesen Alberich und Mime geschöpft sind"[155].

Interessant ist auch Adornos These, nach der sich Wagners Antisemitismus aus seiner wahrscheinlich nicht-arischen Herkunft speise. Die Definitionen über den Ekel von Walter Benjamin anwendend[156] sieht Adorno den Grund für diesen „idiosynkratischen Hass" in „der Angst, vom ekelhaften Objekt als dessengleichen erkannt zu werden"[157]. Er pointiert diese These, indem er behauptet, Wagner habe die folgende, 1851 verfasste Beschreibung Mimes aus der endgültigen Fassung des Dramas gestrichen, da er, kleinwüchsig „mit zu großem Kopf und vorspringendem Kinn [...] in der Figurine seiner selbst mit Schrecken inneward"[158]:

> „Mime, der Nibelung, allein. (Er ist von kleiner gedrückter Gestalt, etwas verwachsen und hinkend; sein Kopf ist über das Verhältnis groß; sein Gesicht ist dunkelaschfarben und runzlich; sein Auge klein und stechend, mit rothen Rändern; sein grauer Bart lang und struppig; sein haupt ist kahl und von einer rothen mütze bedeckt [...]. Dieß darf nicht Karikatur sein: sein Anblick, so lange er ruhig ist, soll nur unheimlich sein: bloß wenn er in äußersten affekt geräth, darf er selbst durch seine äußerlichkeit lächerlich werden, doch nie zu grob. Seine stimme ist heißer und rauh; aber auch sie darf nie an sich den zuhörer zum lachen reizen.)"[159]

---

[155] Adorno, *Versuch über Wagner*, S. 22.

[156] Adorno bezieht sich dabei auf: Benjamin, Walter: *Über das mimetische Vermögen*, in: *Angelus Novus*. Ausgewählte Schriften 2, Frankfurt a. M., 1988, S. 96-102. (Original 1931 erschienen.)

[157] Adorno, *Versuch über Wagner*, S. 22.

[158] Ebd.

[159] Adorno zitiert diese Beschreibung in der englischen Übersetzung von Newmans „*The Life of Richard Wagner*. Deutsch bei: Strobel, Otto [Hg.]: *Richard Wagner. Skizzen und Entwürfe zur Ring-Dichtung mit der Dichtung ‚Der Junge Siegfried'*, München 1930, S. 99. Man könnte Adornos These der Selbsterkenntnis in Mime weiterführend auch an der Sprache festmachen. Wagner, der im *Judentum in der Musik* die eigentümlich-fremde Aussprache der Juden betont, hatte einen starken sächsischen Dialekt. Man kann davon ausgehen, dass dieser auch im 19. Jahrhundert in anderen Gebieten als äußerst eigentümlich empfunden wurde. Zur weiteren Thematik vgl. v.a. Gilman, Sander L.: *Jüdischer Selbsthaß. Antisemitismus und die verborgene Sprache der Juden*. Frankfurt am Main 1993. Für eine weitere differenzierende Studie siehe auch: Fischer, Jens Malte: *Identifikation mit dem Aggressor? Zur Problematik des jüdischen Selbsthasses um 1900*. In: Menora. Jahrbuch für deutschjüdische Geschichte 3 (1992), S. 23-48. Beide Studien stellen heraus, dass der „jüdische Selbsthass" vieler Zeitgenossen, z.B. Otto Weininger, direkt mit einer kultischen Verehrung Wagners zusammenhängt.

Zur Eigenidentifikation bemerkt auch Borchmeyer, *Ahasvers Wandlungen*, S. 13: „Der Untertitel Ahasvers Wandlungen spielt nicht nur auf den *Fliegenden Holländer* und Kundry im *Parsifal* an [...] mittelbar auch auf den ‚Wanderer' im *Siegfried*, sondern vor allem auf die Tatsache, dass Wagner die Gestalt des nicht sterben könnenden, ewig unbehausten Wanderers als Existenzsymbol seiner selbst und seines Künstlertums angesehen hat, dessen ‚Wandlungen' auch seine Wirkungsgeschichte manifestiert [sic!]. Dass sich in der Ahasver-Legende für Wagner zugleich das Schicksal des Judentums spiegelt, lässt tief blicken, deutet auf die von ihm verkannte und verleugnete, von den Zeitgenossen und Nachgeborenen aber sehr wohl durchschaute Affinität Wagners zu manchen Traditionen jüdischen Denkens hin [...]."

Interessant ist in diesem Zusammenhang ist auch eine Bemerkung des jüdischen Satirikers Daniel Spitzer, der über das „höchst abgeschmackte" Frage- und Antwortspiel in der *Götterdämmerung* 1879 moniert: „Es wimmelt in dem Drama von Fragezeichen, und dieses fortwährende Fragen und

Vorsichtige Zustimmung erhält Adorno von Reinhold Brinkmann, vor allem im Hinblick auf die Umgestaltung der Mime-Figur im Entstehungsprozess der *Ring*-Tetralogie.[160] Vorsichtig deshalb, weil Brinkmann zwar intuitiv etwas Wahres an der Vermutung, einige der Wagnerschen Bühnenfiguren seien Judenkarikaturen, erkennen mag, die analytischen Instrumente der Musikwissenschaft aber insgesamt für zu grob hält, um solches nachweisen zu können.[161] Vorsichtig auch, weil er sich oft nur vage äußert. Die folgende – als Fußnote formulierte und nicht näher ausgeführte – Aussage verdeutlicht dies: „Wobei ich nicht bei allen der genannten Figuren [Mime, Alberich, Beckmesser, Klingsor] die in der Wagner-Literatur gegebene Auffassung als ‚Juden-Karikatur‘ teile.“[162]

Bemerkenswert ist auch, dass Adorno seine These nur am Inhalt des *Ring* zu untermauern versucht. Obwohl er sich sonst sehr breit mit unterschiedlichen Aspekten von Wagners Musik auseinandersetzt,[163] sucht er die antijüdischen Klischees Wagners jedoch nicht im Notenbild, wie es 50 Jahre später etwa Marc Weiner tut.

3.6 Dichter und Denker

In unserem Zusammenhang muss auch Thomas Mann erwähnt werden, der ein sehr ambivalentes Verhältnis zum politischen Wagner hatte, woran natürlich die zeitgeschichtlichen und politischen Umstände ihren Anteil hatten – so wie auch bei seinem Bruder Heinrich, der im Roman *Der Untertan* in einer süffisanten Beschreibung einer *Lohengrin*-Aufführung die hohle Gesellschaft seiner Zeit karikierte. Thomas Mann sah Hitler von Wagner in Charakter und Persönlichkeit antizipiert.[164] Den Antisemi-

---

Beantworten einer Frage mit einer neuen Frage ist auch einer der kleinen jüdischen Züge des Rabbi von Bayreuth oder, wie man in der deutschen Übersetzung sagt, des Meisters.“ Spitzer, Daniel: *Wiener Spaziergänge*. 5. Bd., Leipzig 1882, S. 59f.

[160] Vgl. Brinkmann, *Lohengrin, Sachs und Mime*, S. 217ff.; Siehe auch Anm. 127.

[161] Vgl. Brinkmann, *Unsere Instrumente sind viel zu grob*. In: SÜDDEUTSCHE ZEITUNG, 31. 05. 2001.

[162] Vgl. Brinkmann, *Lohengrin, Sachs und Mime*, S. 210. Für die Figur des Mime hält Brinkmann Adornos These für richtig, „ja letztlich unabweisbar“. Ebd., S. 218.

[163] Zu Adornos Wagnerbild vgl. Weber, Horst: *Das Fremde im Eigenen. Zum Wandel des Wagnerbildes im Exil*. In: Friedländer, Saul u. Rüsen, Jörn [Hgg.]: *Richard Wagner im Dritten Reich. Ein Schloss Elmau-Symposion*. München 2000, S. 212-229.

[164] Richard Wagner hat Thomas Mann stark beeinflusst und beschäftigt. Wagners Einflüsse haben in Thomas Manns Werk deutliche Spuren hinterlassen. Der Schriftsteller stellte sich der Verführung und Überwältigung durch Wagner, um von ihr erzählen zu können. So entstand ein von Wagner wesentlich beeinflusstes literarisches Werk.

tismus Wagners, der ihm, so Scheit, selbst nicht ganz fremd war[165], verdrängte Mann jedoch. Dass Mann die Figur des Beckmesser mit dem Märchen vom Juden im Dorn in Verbindung bringt, ist für Drüner ein Beleg, dass Mann der These Adornos zugeneigt war, in der Figur eine Judenkarikatur zu sehen.[166] Vaget sieht das differenzierter:

> „Offenbar war er [Mann] bereit, Adorno darin entgegenzukommen, dass die Beckmesser-Figur an den Juden im Dorn erinnere, doch scheint er davon nicht völlig überzeugt gewesen zu sein."[167]

Auch der Denker Ernst Bloch äußerte sich 1939 zum Verhältnis von Wagneropern und dem Nationalsozialismus:

> „Die Musik der Nazis ist nicht das Vorspiel zu den *Meistersingern*, sondern das Horst-Wessel-Lied. […] Völlig unsinnig ist es, sich durch den Nazi um irgendein deutsches Kulturerbe betrügen zu lassen."[168]

Aus dem Zitat kann man schließen, dass der Antisemitismus Wagners für den Juden Bloch keine wesentliche Rolle spielte und er das Werk Wagners ganz bewusst von der politischen Ideologie Hitlers trennte.

Auffallend an der Wagnerrezeption bis in die 30er Jahre ist jedenfalls, dass die Protagonisten sehr häufig Dichter, Schriftsteller und Philosophen sind. Neben den hier ausführlicher Erwähnten sind noch Friedrich Nietzsche und Oswald Spengler zu nennen.[169] Die Rezeption erfolgte im Geist des ausgehenden 19. Jahrhunderts und war von einer „Untergangsthematik"[170] geprägt, die mit Wagners Erlösungsgedanken

---

[165] Vgl. Scheit, *Verborgener Staat*, S. 319. Scheits Bemerkung spielt wohl auf Manns berüchtigte Novelle *Wälsungenblut* an, die man mit gutem Grund als mit antisemitischen Klischees behaftet sehen kann. Vgl. auch Jütte, *Mendele Lohengrin*, S. 127.
[166] Vgl. Drüner, *Schöpfer und Zerstörer*, S. 275. Interessant zur Judenproblematik in den *Meistersingern*: Während der Wiener Premiere 1870 kam es zu Tumulten, da etliche jüdische Zuschauer glaubten, Beckmesser würde in seinem Ständchen die jüdische Musik – und damit sie selbst – parodieren und verspotten. Vgl. Nohl, Ludwig: *Die Meistersinger in Wien*. In: *Neue Zeitschrift für Musik* 66, 11. März 1870, S. 104f.
[167] Vaget, *Wieviel Hitler ist in Wagner*, S. 190.
[168] Bloch, Ernst: *Paradoxa und Pastorale bei Wagner (1939)*. In: Ders.: *Literarische Aufsätze*. Frankfurt a. M., S. 294-332, hier S. 298.
[169] In gewisser Weise ist auch Fritz Langs *Nibelungen*-Film (1924) ein Beitrag zur Antisemitik im *Ring*. Geschaffen mit dem Ziel, Deutschland nach dem verlorenen Ersten Weltkrieg zu einer neuen Identität zu verhelfen, knüpft an Wagners „Projekt eines gemeinschaftsbildenden Gesamtkunstwerkes" (Kaes, Anton: *Der Mythos des Deutschen in Fritz Langs Nibelungen-Film*. In Danuser, Hermann u. Münkler, Herfried [Hgg]: *Deutsche Meister – böse Geister? Nationale Selbstfindung in der Musik*. Schliengen 2001, S. 326-366. Hier S. 328.) an, jedoch setzt der Film, um verschüttete kollektive Werte der nationalen Gemeinschaft zu stärken, nicht wie Wagner auf Abgrenzung zu anderen Gruppen, sondern auf Völkerverbindendes und Einendes, wenngleich auch hier der Mythos vom reinen und blonden Deutschen zum Tragen kommt. Zur Weiterführung vgl. auch: Levin, David J.: *Richard Wagner, Fritz Lang, and the Nibelungen: The Dramaturgy of Disavowal*. Princeton 1999.
[170] Brinkmann, *Wagners Aktualität für den Nationalsozialismus*, S. 116.

d'accord ging.[171] Der Antisemitismus Wagners wurde teilweise in die Rezeption eingearbeitet, am stärksten von Adorno, spielte aber eine untergeordnete Rolle. Bemerkenswert ist jedoch, dass die Autoren, welche die Wagnerschen Bühnenfiguren mit Judenkarikaturen assoziieren, dies als etwas Selbstverständliches ausdrücken.

3.7 Anmerkung zum *Ring des Nibelungen* in der NS-Zeit

Während des Nationalsozialismus wurden Mime und andere negative Bühnengestalten Wagners wahrscheinlich überwiegend als Judenkarikaturen interpretiert, wie der Historiker Saul Friedländer bemerkt:

> „Man kann unendlich lange darüber diskutieren, wie ‚jüdisch' Mime ist, aber man dürfte erhebliche Mühe haben abzustreiten, dass Intendanten und Bühnenleiter im Kaiserreich und in den Jahren des NS-Regimes Mime als jüdische Gestalt präsentierten. Noch schwieriger dürfte der Nachweis sein, dass das Publikum ihn nicht so gesehen hätte. So bekam in den Aufführungen des *Ring* auf den Bühnen zur Zeit des Nationalsozialismus der tiefe Unterschied zwischen Siegfried und Mime, der totale rassische Gegensatz zwischen den beiden, eine geradezu archetypische Bedeutung. Und Siegfrieds Schwerthieb gegen Mime mag vom Publikum dieser Zeit auf eine Weise aufgenommen worden sein, die die Realität der Verfolgung der Juden akzeptabler machte und Hitlers Drohung, er werde die Juden ausrotten, nicht nur als nationalsozialistische Rhetorik, sondern als Ausdruck eines, wenn auch begrenzten, Wesenszugs deutscher Kultur seit dem Ende des 19. Jahrhunderts erscheinen ließ."[172]

Zur Ebnung des Weges von Wagner zu Hitler, der seinen Antisemitismus übrigens nie mit einem Hinweis auf Wagners Judenhass zu rechtfertigen suchte[173], hatte der Bayreuther Kreis einen entscheidenden und nicht zu unterschätzenden Anteil, auf den im Rahmen dieser Untersuchung jedoch nicht eingegangen wird.[174] Stattdessen soll im nun folgenden Kapitel die Diskussion über antisemitische Zerrbilder im *Ring des Nibelungen* der Nachkriegszeit sowie die ersten kontrovers geführten Debatten um Wagners Antisemitismus beleuchtet werden.

---

[171] Vgl. Koppen, Ernst: *Dekadenter Wagnerismus*. Berlin 1973.
[172] Friedländer, *Hitler und Wagner*, S. 170.
[173] Vgl. Vaget, *Wehvolles Erbe*, S. 273.
[174] Zu den Verstrickungen von Bayreuth und dem Bayreuther Kreis mit dem Nationalsozialismus sind folgende Publikationen besonders beachtenswert: Hein, Stefanie: *Richard Wagners Kunstprogramm im nationalkulturellen Kontext. Ein Beitrag zur Kulturgeschichte des 19. Jahrhunderts*. Würzburg 2006; Schüler, Winfried: *Der Bayreuther Kreis von seiner Entstehung bis zum Ausgange der Wilhelminischen Ära. Wagnerkult und Kulturreform im Geiste völkischer Weltanschauung*. Münster 1971; Hamann, Brigitte: *Winifred Wagner oder Hitlers Bayreuth*. 5. Aufl., München 2008.

4. Die Diskussion zwischen Verdrängung und Schuld

4.1 Hier gilt´s der Kunst – Die 50er Jahre

> Im Interesse einer reibungslosen Durchführung der
> Festspiele bitten wir von Gesprächen und Debatten po-
> litischer Art auf dem Festspielhügel freundlichst abse-
> hen zu wollen. ‚Hier gilt's der Kunst!' [175]

Dies schrieben Wieland und Wolfgang Wagner ins Programmheft und auf Plakate, als sie 1951 in dem vor kurzem noch Hitler gegenüber nibelungentreuem Bayreuth die Festspiele wieder eröffneten. Auch wenn diesem Ausspruch heute der Beigeschmack von Abwehr und Verteidigung der braunen Vergangenheit anhaftet, so als wäre es ein Versuch, „Alberichs Tarnhelm über eine unselige Vergangenheit zu stülpen"[176], traf die Bitte der Wagners doch den Nerv der Zeit. Die 50er Jahre waren allgemein von dem Gefühl geprägt, einen Schlussstrich unter die Vergangenheit ziehen zu können und aktuelle Entwicklungen ließen der deutschen Bevölkerung auch genügend Raum, in eine wiedererstarkende und hoffnungsvolle Zukunft zu blicken[177]. Dass es den Wagner-Erben durchaus ernst war mit der Entpolitisierung Bayreuths, zeigt ein von Andrea Mork in ihrer Dissertation[178] zitierter Brief aus dem Jahr 1964 von Wieland Wagner an Hans Severus Ziegler, der kurz zuvor sein Buch *Adolf Hitler aus dem Erleben dargestellt* veröffentlicht hatte. In diesem Brief rügt Wieland Wagner Ziegler

> „dafür, ‚dass Sie das Thema Adolf Hitler und Wahnfried erneut in der Öffentlich-
> keit breitzutreten für opportun halten.' Das Bewusstsein für die Brisanz dieser Ver-
> bindung geht Hand in Hand mit der Absicht, ‚dieses für die Bayreuther Festspiele
> tödliche Thema vergessen zu lassen […] Es gibt nach Auschwitz keine Diskussion
> mehr über Adolf Hitler' verfügt er. ‚Sie haben meiner Mutter, den Festspielen und
> der Stadt Bayreuth einen sehr schlechten Dienst geleistet'."[179]

Diese Ausführungen sind wichtig für die Betrachtung unserer Diskussion, denn das Diktum Wieland Wagners, das, wie Gottfried Wagner nahelegt, auch wirtschaftlichen

---

[175]Zitiert nach: Zelinsky, *Richard Wagner - ein deutsches Thema.* S. 251.

[176] Metzger, *Eine geheime Botschaft in ‚Die Meistersinger von Nürnberg' und ‚Parsifal',* S. 20.

[177] Als Beispiele seien hier das sog. Wirtschaftswunder und der Gewinn der Fußball-Weltmeisterschaft 1954 – das sog. Wunder von Bern – genannt.

[178] Mork, Andrea: *Richard Wagner als politischer Schriftsteller. Weltanschauung und Wirkungsge-schichte.* Diss., Frankfurt a. M. 1990. Mork untersucht hier die Verbindungen von Mythologie und Politik. Sie beleuchtet die Gründe und Bedingungen für die außergewöhnliche Breitenwirkung, die der Wagnerismus bis in das Dritte Reich zeigte.

[179] Ebd., S. 243. Der zitierte Brief befindet sich im Besitz des Archivs der Richard-Wagner-Gedenkstätte und ist seit Morks Veröffentlichung nicht mehr einsehbar.

Intentionen des Bayreuther Familienunternehmens unterlag,[180] bestimmte für die nächste Zeit auch die musikwissenschaftliche Interpretation von Wagners Musikdramen. Die der Germanistik entnommene Methode der werkimmanenten Interpretation versucht, ein Kunstwerk aus sich selbst heraus zu erklären und zu deuten. Geschichtliche, politische und gesellschaftliche Betrachtungen werden dabei außer Acht gelassen. Diese Art der wissenschaftlichen Herangehensweise hatte nicht das Ziel, Wagners Musikdramen von eventuell nationalsozialistischen Inhalten reinzuwaschen, wie kritische Wagnerforscher behaupten[181], vielmehr wollten die Anwender dieser Methode wohl ihre eigene Vergangenheit damit übertünchen und sich so auch selbst das Feld für neue Forschungen bereiten.

So ist es dann auch verständlich, dass die verstörenden Veröffentlichungen von Theodor W. Adorno und Ludwig Marcuse[182] sowie Thomas Manns Verdikt, dass „viel Hitler in Wagner sei", dem vorherrschenden romantisierend trivialen Wagnerbild dennoch keinen Abbruch tun konnten. Ernest Newmans epochemachende Biographie[183] wurde gar nicht erst ins Deutsche übersetzt (bis heute) und in Hans Mayers Wagner-Monographie[184] war das Pflänzchen der Ideologiekritik so zart, dass es übersehen wurde. Im englischsprachigen Raum war es Robert Gutman, der in seiner Wagner-Biographie *Wagner: The Man, His Mind and His Music*[185] erstmals eine Verbindung zwischen Wagners antisemitischem Rassismus und seinen Opern sah und sie anhand des *Parsifal* ausführlich erläuterte.[186]

---

[180] Vgl. G. Wagner, *Wer nicht mit dem Wolf heult*, S. 29-64.

[181] Vgl. z. B.: Drüner, *Schöpfer und Zerstörer*, S. 2.

[182] Marcuse, Ludwig: *Das denkwürdige Leben des Richard Wagner*. München 1963. Marcuse beschreibt genüsslich und respektlos den Kult um den „deutschen Wirrkopf". Gipfel der Betrachtung: Richard und Cosima Wagner „offenbaren den tiefsten Sinn in der Lage des Festspiel-Baus, nicht weit von der Irren-Anstalt: Das neue Haus ist erbaut für alle Verirrten, vom deutschen Geiste Abgeirrten." Ebd., S. 218.

[183] Newman, Ernest: *The Life of Richard Wagner*. 4 Bde., Cambridge 1933.

[184] Mayer, Hans: *Richard Wagner in Selbstzeugnissen und Bilddokumenten*. Reinbek b. Hamburg 1959. Mayer beruft sich in seiner Wagner-Monographie auf Adorno, zitiert ihn aber (absichtlich?) falsch, indem er dessen Bezeichnung der „Judenkarikaturen" für Alberich, Mime und Beckmesser in „Selbstkarikaturen" umwandelt - damit den von Adorno konstatierten Zusammenhang von Ekel und Antisemitismus auflöst und der Frage des Antisemitismus ausweicht.

[185] Gutman, Robert W.: Richard Wagner. *Der Mensch, sein Werk, seine Zeit*. (Original: *Richard Wagner. The Man, His Mind, and His Music*. New York 1968.) München 1970.

[186] Vgl. ebd. S. 471ff.

4.2 Der Kampf Zelinskys – Wie politisch darf ein Künstler sein?

In Deutschland[187] kam es erst infolge der sog. 68er-Generation, die nach den Gründen für den Zivilisationsbruch des Holocausts fragte, auch zur kritischen Hinterfragung Wagners. Ein Germanist trat dabei als Hauptankläger auf: Hartmut Zelinsky, der zum hundertjährigen *Ring*-Jubiläum 1976 eine breit angelegte Dokumentation[188] veröffentlichte, die die fatale Wirkungsgeschichte Wagners bis zum Dritten Reich eindrucksvoll und detailreich zeigt.

Auch die Inszenierung des „Jahrhundert-*Ring*" 1976 in Bayreuth, für den Patrice Chereau als Regisseur und Pierre Boulez als Dirigent verantwortlich waren, muss in diesen Zusammenhang erwähnt werden, eine Inszenierung, die den romantischen Antikapitalismus, wie auch Shaw den *Ring* deutete, und die antisemitischen Intentionen Wagners auf die Bühne brachte und damit die Öffentlichkeit auf das Problem des Antisemitismus in Wagners Werk aufmerksam machte. In einem Interview sagt Boulez 1996 rückblickend:

> „Ich habe in Bayreuth mit Patrice Chereau bei der Inszenierung des *Rings der Nibe-lungen* darüber gesprochen, Ich habe ihn auf diese ‚Judenkarikaturen' aufmerksam gemacht; und Chereau hat das auf der Bühne dann gezeigt – ausgestellt – um zu demonstrieren, was Wagner wirklich gewollt hat. Denn es ist vollkommen falsch, diese Intentionen unter den Teppich zu kehren. Das ist da. Man muss es zeigen. [Frage: Damit man es reflektieren kann? Damit es seine geheimnisvolle untergründige Wirkungsweise verliert?] Ja. Und ich erinnere mich, diese Darstellung Mimes hat die Leute im Publikum damals so schockiert – und sie dachten, Chereau macht sich hier lustig über die Juden. In Wahrheit hat er gezeigt, was im Kopf von Wagner vorgeht."[189]

1978 wurde die Diskussion um Wagners Antisemitismus mit einem Aufsatzband in der Reihe *Musik-Konzepte* fortgesetzt. Unter dem provokanten Titel *Richard Wagner.*

---

[187] Deutschland meint hier die Bundesrepublik. Die Diskussion in der DDR, die gänzlich andere Wege ging, wird im Laufe dieser Arbeit ausgeklammert. Für die Deutung von Wagners Werken im Sinne des Antifaschismus in der DDR, die den Antisemitismus vollständig ausblendet vgl. die Arbeiten von: Redepennig, Dorothea: *Von der ‚Verfälschung durch die Faschisten' zur ‚Verwirklichung des Mythos'. Richard Wagner in der Stalin-Ära. Eine Dokumentation anhand der Tages- und Fachpresse.* In: Friedländer, Rüsen [Hgg.], *Wagner im Dritten Reich*, S. 230-251; Duncker, Matthias: *Richard-Wagner-Rezeption in der Sowjetischen Besatzungszone (SBZ) und der Deutschen Demokratischen Republik (DDR).* (= Studien zur Zeitgeschichte, Bd. 74.) Hamburg 2009.
[188] Zelinsky, Hartmut: *Richard Wagner - ein deutsches Thema. Eine Dokumentation zur Wirkungsgeschichte Richard Wagners 1876-1976.* Frankfurt a. M. 1976.
[189] Interview von Pierre Boulez mit Wilhelm Svoboda und Gerhart Scheit. Abgedruckt in: Scheit, *Wagners Judenkarikaturen*, S. 164f. Es sei darauf hingewiesen, dass Chereau und Boulez als Franzosen einer Nation entstammen, die nicht in den Holocaust verwickelt war.
Interessanterweise hat Brinkmann den Mime dieser Aufführung (dargestellt von Hans Zednik) gerade nicht als Judendarstellung, sondern lediglich als „Slapstick-Nummer" empfunden. Vgl. Brinkmann, *Unsere Instrumente sind zu grob.*

Wie antisemitisch darf ein Künstler sein? wurde dieser von Heinz-Klaus Metzger und Rainer Riehn herausgegeben.[190] Der Zeitpunkt war dabei nicht zufällig. Zwei Jahre zuvor waren nämlich die *Tagebücher* Cosima Wagners von Martin Gregor-Dellin und Dietrich Mack veröffentlicht worden[191], in welchen die Ambivalenz der Person Wagners in vollem Umfang sichtbar wird: „Wir finden ihn darin in seiner unbestreitbaren Genialität und seiner unbeschreiblichen Widerwärtigkeit"[192]. In dem erwähnten Aufsatzband wurde Material zusammengetragen, um Wagners Antisemitismus auch jenseits von *Das Judentum in der Musik* zu beweisen.

Vor allem Hartmut Zelinskys hierin enthaltener Aufsatz *Die ‚feuerkur' des Richard Wagner oder die ‚neue Religion' der ‚Erlösung' durch ‚Vernichtung'*[193] fixiert Wagners Antisemitismus als den persönlichsten und ideologisch entscheidendsten Komplex in dessen künstlerischer Existenz, der den „zentralen ideologischen Hintergrund seines *Ring des Nibelungen*"[194] bilde. Eindrucksvoll belegt er dies mittels von Tagebucheinträgen von Cosima Wagner, wo es zum Beispiel heißt, Wagner habe in heftigem Scherz gesagt, dass alle Juden in einer Aufführung des ‚Nathan' verbrennen sollten.[195]

> „Wie sehr Wagners Brand- und Zerstörungsphantasien, zu denen auch der über Jahrzehnte sich erhaltende Wunsch nach dem ‚Brand von Paris' zu zählen ist, den er als ‚Symbol der endlichen Befreiung der Welt von dem Druck alles Schlechten' ansah und den er im Brand von Walhall in seinen *Ring* aufnahm, – wie sehr diese Phantasien sich gerade immer wieder an den Juden entzünden, kann […] nur angedeutet werden."[196]

Zelinsky erkennt im *Ring* eine „vorgebildete Blutideologie", in der vom „blonden deutschen Blut" und „gesundem Blut" die Rede ist.[197] Allerdings berücksichtigt der Versuch eines analytischen Nachweises weit mehr jene Äußerungen, die den Tagebüchern Cosima Wagners sowie Wagners Briefen entnommen sind, als solche aus den kunsttheoretischen Schriften. Auch die Handlung der Opern oder gar die komponierte Musik wird kaum herangezogen. Zelinsky kommt sogar zu dem Schluss, Wagners

---

[190] Metzger, Heinz-Klaus u. Riehn, Rainer [Hgg.]: *Richard Wagner. Wie antisemitisch darf ein Künstler sein?* (= Musikkonzepte. Die Reihe über Komponisten, Heft 5.) München 1978
[191] Gregor-Dellin, Martin u. Mack, Dietrich [Hgg.]: Cosima Wagner. Die Tagebücher. 2 Bde., München 1976-1977.
[192] Kesting, *Begegnungen mit Hans Mayer*, S. 46.
[193] Zelinskys Argumentation in diesem Aufsatz bedient sich in erster Linie Cosimas Tagebücher, aber auch anderer Quellen, wie Briefen und ästhetischen Schriften.
[194] Zelinsky, *Die ‚feuerkur' des Richard Wagner*, S. 80.
[195] Tagebucheintrag von Cosima Wagner anlässlich des Wiener Ringtheaterbrandes am 17. und 18. Dezember 1881. Cosima Wagner, *Tagebücher*, Bd. 2., S. 311.
[196] Zelinsky, *Die ‚feuerkur' des Richard Wagner*, S. 81f.
[197] Zelinsky, *Verfall, Vernichtung, Weltentrückung*, S. 328.

Werk sei „kaum ein Fall für Musikwissenschaftler, viel eher ein Fall für den Psychiater" der doch auch das Wagnerpublikum mit einbeziehen solle.[198]

So erregten denn auch die von Zelinsky und anderen[199] mit moralischem Anspruch verfassten Thesen heftigsten Widerspruch der etablierten Wagnerforschung. Als ihr schärfster Kritiker stellte sich Dieter Borchmeyer heraus, der konstatiert: „In Wagners Musikdrama – das dürfen wir als gesichertes wissenschaftliches Ergebnis festhalten – gibt es keine jüdischen Figuren und überhaupt weder offene noch verdeckte antisemitische Tendenzen. Wer weiterhin davon redet, tut dies aus Unkenntnis oder wider besseres Wissen."[200] Er begründet diese an Zelinsky gerichtete These auf die Nibelungen anwendend und Adorno antwortend im *Wagner-Handbuch* wie folgt: Es sei

> „festzustellen, dass es in den zahllosen Kommentaren Wagners zu seinem Werk keine einzige Äußerung gibt, die Figuren oder Handlungselemente seiner Musikdramen in antisemitischem Sinne oder überhaupt als jüdisch interpretiert. Der Versuch, die Nibelungen, vor allem die Gestalt Mimes unter Hinweis auf Wagners Beschreibung der Erscheinung und Sprache der Juden in seinem Pamphlet von 1850 als mythische Reprojektionen des Judentums zu dechiffrieren, stellt eine nicht verifizierbare Spekulation dar. [...] Tatsächlich gehört die Befreiung der Nibelungen (auch Alberichs) durch Brünnhilde zur ursprünglichen Konzeption der Nibelungensage."[201]

Blind vor Liebe zu Wagner gelangt er zu folgendem befremdlichen Urteil:

> „Die Sympathie für so viele jüdische Künstler, der Erlösungsgedanke, der auch die Juden einschließt, das Fehlen von antisemitischen Tendenzen in seinen Musikdramen – all dies zeigt, dass es im Sanctissimum seiner Künstlerpersönlichkeit keinen Judenhass gibt."[202]

---

[198] Zelinsky, *Die ‚feuerkur' des Richard Wagner*, S. 111.

[199] Eine besondere Spielart der werkimmanenten Kritik stellt beispielsweise die These von Wolf Rosenberg dar, dass der „nazistischen Kunst-Ideologie" zufolge der *Ring* zur „entarteten Kunst" und zum „Kulturbolschewismus" gezählt werden müsse. (Rosenberg, *Versuch über einen Janusgeist*. S. 46)

[200] Borchmeyer, Dieter: *Wie antisemitisch sind Wagners Musikdramen?* In: *Meistersinger-Programmheft* der Bayreuther Festspiele 1983. Abgedruckt in: Eger, *Wagner und die Juden*, S. 68.

[201] Borchmeyer, *Wagner und der Antisemitismus*, S. 159.
In Reaktion auf die beginnende Debatte um Wagners Antisemitismus in den siebziger Jahren widmete sich auch die etablierte Wagnerforschung diesem Thema und nimmt das Thema *Richard Wagner und der Antisemitismus* in das 1986 erscheinende *Wagner-Handbuch* auf. Im Verlauf der Darstellung kommt Borchmeyer, nachdem er den Wagnerschen Antisemitismus als Erscheinung des Zeitgeistes erklärt hat, zu dem Schluss, dass „Wagner sein musikdramatisches Werk trotz seiner heftigen antijüdischen Polemik durchaus freigehalten hat (wie gegenüber anderslautenden spekulativen Behauptungen festzuhalten ist)". Als wesentliche Begründung dafür sieht er, dass „Wagner das Erlösungsversprechen des Kunstwerks der Zukunft Lügen gestraft hätte, wenn er sein Musikdrama [...] ebenfalls zum Instrument antijüdischer Polemik gemacht hätte. Im utopischen Raum des mythisch-musikalischen Dramas ist die Judenfrage im Sinne der mystizistischen Erlösungslehre gelöst." Ebd., S. 160.

[202] Borchmeyer, Dieter: *Wie antisemitisch sind Wagners Musikdramen?* In: *Meistersinger-Programmheft* der Bayreuther Festspiele 1983. S. 39-53. Hier S. 53.

Carl Dahlhaus wirft Zelinsky vor[203], dass er nicht biographische Fakten behandeln würde, sondern dass die von ihm entfesselte Kontroverse lediglich eine Interpretation des Werkes und der Wirkungsgeschichte sei, besonders der des *Parsifal*. Zelinsky, so beklagt Dahlhaus weiter, sei allein auf einen „publizistischen Effekt" aus[204] und habe damit auch noch großen Erfolg. Er konstatiert: „Nicht was der Ideologe Wagner glaubte, sondern was der Dramatiker realisierte, ist entscheidend."[205]

Wie Dahlhaus äußern sich die meisten namhaften Forscher barsch und ablehnend Zelinskys Thesen gegenüber. So urteilt etwa Joachim Kaiser:

> „Wenn Zelinsky recht hätte […] dann müsste sich jetzt beispielsweise der Bayreut-her *Parsifal*-Dirigent James Levine gründlich entnazifizieren lassen. Dann gehörten der Innenminister Baum, Berlins Regierender Bürgermeister von Weizsäcker […] zumindest in einen sorgfältigen Umerziehungskurs! Wenn Zelinsky im SPIEGEL-Interview gefragt wird, wo konkret ‚antisemitische Parolen' […] vorgetragen wur-den - gerät er in gebildete Totalverlegenheit und muss schwätzen."[206]

Zelinskys Verdienst liegt sicherlich darin, dass er der Diskussion um Wagners Antisemitismus in Deutschland den Weg bereitet hat und diese Diskussion wie kein anderer beflügelt hat. Allerdings hat er insgesamt zur Thematik und Fragestellung der vorliegenden Studie nur wenig Konkretes beigetragen, da er erstens seine Argumenta-tion überwiegend am *Parsifal* vollzieht und zweitens seine Deutungsversuche vom *Ring* sehr umfassend sind und die Tetralogie nur als Ganzes berücksichtigen, ohne bei einzelnen Stellen wirklich analytisch ins Detail zu gehen. Einzelnen Figuren wendet er sich in *Die ‚feuerkur' des Richard Wagner* wie auch in späteren Schriften kaum zu, obwohl dies seine Argumente sicherlich unterstrichen hätte. Auch wird mit keinem Wort Wagner als Musiker thematisiert[207], es scheint, als würde Zelinsky, der in erster Linie den *Parsifal* für seine Argumentation verwendet und der Wagners Motivation,

---

[203] Dahlhaus, Carl: *Erlösung dem Erlöser. Warum Richard Wagners ‚Parsifal' nicht Mittel zum Zweck der Ideologie ist.* In: Csampai, Attila u. Holland, Dietmar [Hgg.]: *Parsifal. Texte, Materialien, Kommentare.* Reinbek b. Hamburg 1984, S. 262-269.
[204] Ebd. S. 264. Bis heute wird den Wagnerkritikern vorgeworfen, sie würden allein die Sensationsgier der Leser befriedigen wollen und nicht aufklärerisch zur Wagner-Forschung beitragen wollen.
[205] Ebd. Dass diese Herangehensweise ebenfalls keine biographischen Fakten zutage fördert, sondern auch eine Interpretation des Werkes evoziert – im Grunde die gleiche Methode, die Zelinsky benutzt – ist ein Paradox, wie es typisch ist für die Wagner-Debatte. Jede Seite wirft der anderen vor, metho-disch unsauber zu arbeiten, verwendet aber die gleichen Methoden wie die „Gegner". So ist ein beliebter gegenseitiger Vorwurf, die anderen würden aus Wagners Schriften immer nur die ihnen genehmen Textstellen für Zitate auswählen.
[206] Kaiser, Joachim: *Hat Zelinsky Recht:* In: DER SPIEGEL 31/1982 vom 2. August 1982.
[207] Wagners Musik wird von ihm pauschal zum „Weltanschauungsträger" erklärt, ohne dass dies weiter argumentativ ausgebaut würde. Vgl. Zelinsky, *Zu schönen Klängen eine brutale Ideologie*, S. 43.

48

Musik zu komponieren, allein dessen politischem Sendungsbewusstsein zuschreibt, einen persönlichen Krieg gegen Wagner und seine Anhänger führen.

Während die Motivation der Gegner Zelinskys, Wagners Person und Werke in Schutz zu nehmen auf der Hand liegt, sind die Beweggründe Zelinskys und seiner Anhänger sicherlich komplexer, als es zunächst den Anschein hat. Die von ihm angestoßene Diskussion darf als Stellvertreterdebatte angesehen werden, die nur vordergründig Wagners Person und Werk thematisierte. Wahrscheinlich ging es Zelinsky – wie vielen anderen seiner („68er") Generation – vielmehr darum, Auschwitz zum Thema zu machen und der Frage, wie der Holocaust hatte passieren können, auf den Grund zu gehen. Der Gesellschaft sollte gezeigt werden, dass Hitler kein Betriebsunfall der deutschen Geschichte war, sondern die Verantwortung für die jüngere deutsche Geschichte auch bei führenden deutschen Repräsentanten der deutschen Kultur des 19. Jahrhunderts gesucht werden müsse. Die Frage, die viele deutsche Intellektuelle damals umtrieb und die sich auch in zeitgeschichtlichen Kontroversen niedergeschlagen hat,[208] war die nach der Kontinuität Deutschlands seit der Reichsgründung 1871 bis zum Nationalsozialismus.[209] Wagner bot sich dabei zur Ursachenforschung an, wie er das auch schon bei Adorno getan hatte[210]. Eine saubere Trennung von Wagner und seinen Jüngern in Bayreuth hätte Zelinskys Argumentation ebenso behindert, wie eine genauere Analyse der kunsttheoretischen Schriften und Musikdramen Wagners. Das Wesen der Diskussion der 70er und 80er Jahre als Stellvertreterdebatte, die eigentlich nach der Schuld für den Holocaust fragte, ist wohl auch ein Grund für die zum Teil bis heute anhaltende starke Emotionalität, mit der die Argumente ausgetauscht werden.

---

[208] Vgl. Große Kracht, Klaus: *Die zankende Zunft. Historische Kontroversen in Deutschland nach 1945.* Göttingen 2005, S. 7-21. Auch die Wagner-Hitler-Debatte kann getrost als zeitgeschichtliche Kontroverse bezeichnet werden, da ihre Ergebnisse nicht nur für Historiker interessant sind, sondern auch Konsequenzen für das heutige Kulturleben haben.

[209] Vgl. Ferrari Zumbini, Massimo: *Die Wurzeln des Bösen. Gründerjahre des Antisemitismus: Von der Bismarckzeit zu Hitler.* Frankfurt a. M. 2003; Haffner, Sebastian: *Von Bismarck zu Hitler. Ein Rückblick.* München 1981.

[210] Ein Rezensent zu Adornos *Versuch über Wagner* schreibt: „Adornos *Versuch über Wagner* gehört zu den aus dem Institut für Sozialforschung hervorgegangenen Arbeiten, die sich die Aufgabe setzten, [...] die Herkunft der Hitlerideologie [...] zu erforschen ohne Respekt vor ihrer Verwandtschaft mit approbierten Kulturgütern. Dabei drängte sich das Werk Richard Wagners auf." In: DER SPIEGEL, 23.07.1953.

5. Die Wagnerkritik der 90er Jahre

In den 90er Jahren erschienen etliche Bücher, die sich kritisch mit der Person und dem Werk Wagners sowie seiner politischen Wirkung auseinandersetzen. Im englischen Sprachraum sind dies vor allem die Arbeiten des Amerikaners Rose[211] und der Briten Millington[212] und Weiner[213], die für Furore sorgten und in Deutschland die Veröffentlichungen von Kreis[214], Scheit[215], Köhler[216], Hein[217] und die Autobiographie des Wagner-Urenkels Gottfried[218] folgen ließen. Und auch Zelinsky, der wohl alle vorgenannten Autoren mehr oder weniger stark beeinflusst hat, publizierte weiter, bot aber im Wesentlichen nur Variationen seiner schon bekannten Thesen und konnte nicht mit neuen Erkenntnissen aufwarten.[219]

Das Thema der antisemitischen Charakterzeichnung von Bühnenfiguren in Wagners Opern wird sowohl von Scheit und Rose kurz angeschnitten als auch von Weiner ausführlicher behandelt. Deswegen sollen im Folgenden ihre Argumente bezüglich der Figuren im *Ring* erläutert sowie auf musikwissenschaftliche Methodik hin überprüft werden.

5.1 Der Börsenjude Alberich

In der ersten Szene des *Rheingold* und damit am Beginn der Tetralogie[220] bringt die Abweisung der Rheintöchter, die das Rheingold bewachen sollen, und die Aussicht, durch dieses grenzenlose Macht zu erhalten, Alberich dazu, der Liebe – und damit auch der geschlechtlichen Lust – für immer zu entsagen. Sodann ist er in der Lage,

---

[211] Rose, Paul Lawrence: *Richard Wagner und der Antisemitismus* (Original: *Wagner: Race and Revolution*. London 1992). Zürich, München 1999.
[212] Millington, Barry: *Das Wagner-Kompendium. Sein Leben – Seine Musik.* München 1996.
[213] Weiner, Marc A.: *Antisemitische Fantasien. Die Musikdramen Richard Wagners* (Original: *Richard Wagner and the Anti-Semitic Imagination*, Lincoln 1995). Berlin 2000.
[214] Kreis, Rudolf: *Nietzsche, Wagner und die Juden*. Würzburg 1995.
[215] Scheit, Gerhard: *Verborgener Staat, lebendiges Geld. Zur Dramaturgie des Antisemitismus.* Freiburg i. Br. 1999.
[216] Köhler, Joachim: *Wagners Hitler. Der Prophet und sein Vollstrecker*. München 1999.
[217] Hein, Annette: *„Es ist viel ‚Hitler‘ in Wagner“. Rassismus und antisemitische Deutschtumsideologie in den ‚Bayreuther Blättern‘ (1878-1938).* Tübingen 1996.
[218] Wagner, Gottfried: *Wer nicht mit dem Wolf heult. Autobiographische Aufzeichnungen eines Wagner-Urenkels.* Köln 1997.
[219] Vgl. v.a. die Monographie *Sieg oder Untergang: Sieg und Untergang. Kaiser Wilhelm II., die Werk-Idee Richard Wagners und der ‚Weltkampf‘.* München 1990.
[220] Wagner formulierte das Libretto zum *Rheingold* 1852, zwei Jahre nach dem *Judentum*-Aufsatz.

aus dem Rheingold einen Ring zu schmieden, der ihm diese ungeheure Macht verleiht. Damit ist die Grundlage für das Weltendrama geschaffen: der Gegensatz von Gold und Liebe. Ein Weltendrama, das Weltverschwörung und Weltuntergang imaginiert. Gerade durch die Nähe zum geraubten Gold, das im unterirdischen Nibelheim zum Ring geschmiedet wird, entfaltet Wagner dabei für Scheit eine Art „strukturellen Antisemitismus"[221], bei dem jüdische Gestalten gar nicht auftreten, sondern nur durch Analogie von Eingeweihten erkannt werden können. Alberich ist mit dem Gold verwachsen und das symbolisiere nicht nur das Privateigentum, sondern auch „den Fetisch von Weltmacht und Weltverschwörung".[222] Den Liebesfluch Alberichs benötige Wagner, um zu zeigen, dass sich der Ring nicht einfach abstreifen lässt, sondern mit seinem Träger verwachsen sei. Daraus folgt für ihn: „Wagner hat Ring und Tarnhelm gebraucht, um den Tauschwert in Szene zu setzen, jenen aus dem Tausch resultierendem Fetisch, der jede Gestalt – jeden Gebrauchswert – anzunehmen vermag, und mit dem in der Hand der einzelne an ganz neuen Formen von Herrschaft und Ausbeutung partizipieren kann."[223]

Für Rose wiederum repräsentiert Alberich „nur die abstoßenden Aspekte der bürgerlichen Gesellschaft, herabgewürdigt und bar jeder Erlösungshoffnung".[224] In ihm offenbare sich der Kapitalismus von seiner hässlichsten Seite mit dem Ergebnis, dass die „deutschen Götter" somit auch „jüdischem Einfluss" unterständen, weil auch sie von Macht und Habgier getrieben seien.[225] „Alle jüdischen Merkmale, die Wagner in seinen Aufsätzen beschreibt", verkörpere Alberich, da er getrieben sei „von Macht- und Geldgier"[226]. Auch behauptet Rose, dass Wagner antisemitische Musik komponieren würde, wenn er beispielsweise meint: „Die Verspottung Alberichs durch die Rheintöchter ist eine geschickte melodische Verspottung des Judentums, verbirgt sich darin doch eine Parodie auf die Melodik von Meyerbeers Grand opéra."[227] Analytisch wird diese Behauptung jedoch nicht belegt, wie auch der krude Gedanke, dass erst der

---

[221] Scheit, *Verborgener Staat,* S. 284.
[222] Ebd.
[223] Ebd., S. 287. Scheits Argumentation, nach welcher Alberich der jüdische Großunternehmer wäre und die Nibelungen die geknechteten Arbeitnehmer, ist doch recht abwegig. Der Unternehmer als reicher Jude wäre noch nachvollziehbar, aber dass die Nibelungen jüdische und von einem Juden unterdrückte Arbeitnehmer seien, ist wohl sehr weit hergeholt.
[224] Rose, *Richard Wagner und der Antisemitismus,* S. 110f.
[225] Ebd., S. 111.
[226] Ebd., S. 113. Bermbach weist darauf hin, dass Rose dabei übersieht, dass Alberich nicht nach dem Gold (und dem Ring) giert, um in den Besitz von viel Geld zu kommen, sondern dass er nach Macht verlangt. Bermbach, *Blühendes Leid,* S. 332. Dabei übersieht wiederum Bermbach, dass Geld ebenso wie Gold ein Symbol für Macht ist.
[227] Rose, *Richard Wagner und der Antisemitismus,* S. 113.

Holocaust das Erlebnis der Musik Wagners auf eine höhere Ebene gehoben hätte.[228] Wann immer Wagner irgendetwas kritisiert, wird dies von Rose als antisemitische Chiffre gedeutet und daraus folgend ziemlich unkritisch eine direkte Verbindungslinie zwischen Wagner und Auschwitz gezogen.

Scheit und Rose schließen sich in der Beurteilung der *Ring*-Figuren im Wesentlichen der Argumentation von Shaw und Adorno an, indem sie Alberich als den kapitalistischen ausbeutenden Unternehmer kennzeichnen, der in Wahrheit jedoch den „Börsenjuden" darstellt.[229] Obgleich die Argumentation auf den ersten Blick sehr schlüssig ist, liegt die Schwäche beider Autoren dennoch, ebenso wie schon bei Adorno, in der Verknüpfung der beiden Deutungsebenen Kapitalismuskritik im *Ring* und Judenkarikatur. Diese sind zwar seit Adorno gründlich erforscht worden und Rose und Scheit äußern sich im Einzelnen auch sehr umfassend zu beiden,[230] schaffen es jedoch nicht, eine Brücke zwischen beiden zu schlagen und schlüssig zu beweisen, dass Wagner mit dem „Unternehmer" Alberich wirklich einen „jüdischen" Unternehmer meint. Dabei sind beide Bücher sehr gut recherchiert und bieten einen wichtigen Beitrag zur Geschichte des Antisemitismus. Da sie aber nicht imstande sind, einen logischen Zusammenhang vom sehr gut herausgearbeiteten antisemitischen Zeitgeist zur Musik Wagners herzustellen, können sie zu der hier untersuchten Debatte nur wenig beitragen.[231]

---

[228]Vgl, ebd., S. 115.

[229] Siehe Anm. 144.

[230] Hervorzuheben ist, dass Scheit im Gegensatz zu Rose seine Argumente durchaus auch mit musikwissenschaftlicher Methodik untermauern möchte, die aber im Wesentlichen mit Weiners Analyse und deren Ergebnis übereinstimmt.

[231] In einer Rezension von Roses Buch räumt Vaget ein, dass, wenn Rose und andere Recht hätten, Wagners Werke den Kanon der abendländischen Kultur beschädigen würden: „Wenn durch den *Ring des Nibelungen* […] tatsächlich antisemitische Ideen propagiert würden, wie Mr. Rose glaubt, hätten sie für uns keinen Platz mehr in unserem kulturellen Leben, und wir könnten nicht länger guten Gewissens Musik von Wagner hören wie andere Musik. Letzten Endes geht es also darum, ob Wagners musikalisch-dramatisches Schaffen weiterhin ein unverzichtbares Element der abendländischen Kultur sein kann." Vaget, *Wagner, Anti-Semitism, and Mr. Rose*, S. 222.

5.2 Über musikalische Codes

> „Richard Wagners Judenkarikaturen sind nicht nur
> klein und haarig, habgierig und geil; sie sprechen und
> singen nicht nur mit nervöser Energie und hoher, nasa-
> ler Stimme; und sie verströmen nicht nur üble Gerü-
> che, die mit Pech, Fürzen und Schwefel zu tun haben;
> nein, sie hinken auch besonders deutlich."[232]

Eine andere Herangehensweise hat der britische Literaturwissenschaftler Marc A.
Weiner, der mit *Antisemitische Fantasien. Die Musikdramen Richard Wagners* eine
grundlegende Studie zur jüdischen Charakterzeichnung in Wagners Opern vorgelegt
hat. Weiner analysiert die antisemitischen Stereotypen des 19. Jahrhunderts und legt
diese anhand der körperlichen Darstellung der Bühnenfiguren als Codierungen aus,
die seiner Meinung damals derjenige verstehen konnte, der sie verstehen wollte. Für
Weiner wird die ideologische Aussage der Wagnerschen Musikdramen im Körperlichen seiner Figuren sichtbar.[233] Er klassifiziert die Codes – also antisemitische
Konnotationen, die vom Publikum der Wagner-Zeit automatisch als solche dechiff-
riert werden konnten,[234] nach optischen Gesichtspunkten (im Ausdruck der Augen,
jenem „Organ, das sicherstellt, dass die für Ähnlichkeit oder Andersartigkeit stehen-
den Körpermerkmale garantiert erkannt wurden" und in dem „Wagners ästhetische
und gesellschaftliche Anliegen ineinander übergehen"[235]), nach der Stimmcharakte-
ristik (da bei Wagner „die Stimme des Nichtdeutschen – im metaphorischen wie auch
im physiologischen Sinne – *höher* als die des Deutschen"[236] liege), nach dem Geruch
des Körpers „als bedeutsamer körperlicher Subtext"[237], nach dem Gang als „körperli-
ches Zeichen für die Einheit des Gesamtkunstwerks"[238] sowie nach der Charakteristik
der Vererbung, denn bestimmte Figuren seien „Ikonen der Degeneration"[239]. Speziell
zur Darstellung der Figuren im *Ring* schlussfolgert Weiner: „Die Hörer im 19.
Jahrhundert waren für die rassistischen Implikationen des musikalischen Materials,

---

[232] Weiner, *Antisemitische Fantasien*, S. 309.
[233] Vgl. Weiner, *Antisemitische Fantasien*, S. 24.
[234] Es wird im Verlauf der Studie nicht klar herausgestellt, ob diese antisemitischen Kultur-Codes automatisch, also unwillkürlich und teilweise auch unbewusst, gewissermaßen assoziativ beim Publikum wirkten oder ob sie ein Geheimwissen darstellten, das Antisemiten unter sich teilten, so dass deswegen eine explizit antijüdische Äußerung in den Werken gar nicht vonnöten war.
[235] Weiner, *Antisemitische Fantasien*, S. 61.
[236] Ebd., S. 135. (Hervorhebung im Original)
[237] Ebd., S. 233.
[238] Ebd., S. 301.
[239] Ebd., S. 349.

das Wagner zur Charakterisierung der *Nibelungen* verwandte, offen und sensibel."[240] Um Weiners Arbeitsweise zu verdeutlichen, werden im Folgenden drei dieser Ebenen anhand von Figuren aus dem *Ring* näher analysiert werden.

5.3 Der Zwergen Gang – des Teufels Fuß

Die einzige Körperikone im *Ring,* die ausschließlich musikalisch erkennbar ist und nicht zusätzlich den Text und die Handlung transportiert, ist nach Weiner Alberichs Hinkfuß.[241] Für den Nachweis des antisemitischen Stereotyps des lahmen Fußes[242] holt Weiner aus und verortet dieses zunächst in den Zusammenhang zwischen Schmiedehandwerk und deformierten Füßen. Er erläutert die Tradition der Ikonographie des Fußes – was den Gang und die damit einhergehende Körperhaltung mit einschließt – angefangen vom griechischen Gott Hephaistos[243] bis hin zum lahmen Schmied aus der *Edda* und Wagners eigener Studie *Wieland der Schmied, als Drama entworfen* (1850).[244]

Auch alle Nibelungen sind Schmiede. Nur so hat Alberich die Möglichkeit, aus dem Rheingold den Ring zu schmieden, und Mime die Handhabe, mithilfe seiner Kunstfertigkeit den Tarnhelm herzustellen. Für Weiner ist es „eine schlüssige Bestärkung zwischen Rasse und Handwerk, wenn das Publikum beim Abstieg nach Nibelheim (im Orchesterzwischenspiel zwischen der zweiten und dritten *Rheingold*-Szene) den Lärm von Ambossen hört"[245].

Jedoch lässt sich das Motiv des lahmen Fußes nicht nur in der griechischen Mythologie und nordischen Sagen finden, es ist auch in Stereotypen zu entdecken, die die Andersartigkeit jüdischer Körper betonen. Schon im Mittelalter lässt sich das Stolpern mit der Fähigkeit, Schätze zu finden – ein Gespür, das auch Alberich zu eigen ist

---

[240] Ebd., S. 172.
[241] Ebd., S. 312.
[242] Dieses Stereotyp wird auch in Hans Pfitzners Opern verwendet. Vgl. Busch-Frank, Sabine: *Worte oder Werke? Hans Pfitzners Judenbild in seinen Opern* Die Rose vom Liebesgarten *und* Das Herz. In: Bayerdörfer, Hans-Peter u. Fischer, Jens Malte (Hgg.): *Judenrollen. Darstellungsformen im europäischen Theater von der Restauration bis zur Zwischenkriegszeit.* Tübingen 2008, S. 165-175.
[243] Weiner, *Antisemitische Fantasien*, S. 303.
[244] In *Wieland der Schmied* werden der Hauptfigur, die als der beste Schmied auf Erden gilt, auf Befehl seines Widersachers König Neiding die Sehnen durchgeschnitten, so dass Wieland fortan für Neidings Kriege Waffen schmieden muss. Im ersten Akt der *Walküre* tauchen diese Motive in Siegmunds Erzählungen auf. Außerdem legt Wagner in *Eine Mitteilung an meine Freunde* dar, dass Wieland sein Handwerk bei den Zwergen gelernt habe. Vgl. Wagner, *GSD*, 6. Bd., S. 221.
[245] Weiner, *Antisemitische Fantasien*, S. 306

– als Verbindung nachweisen.[246] Selbst im medizinischen Diskurs des 19. Jahrhunderts sind verschiedene Bilder von Fußdeformitäten den Juden zugeschrieben.[247]

Außerdem merkt Weiner an, dass das Fußstereotyp wie andere auf Juden bezogene Stereotypen wie zum Beispiel Geruch, Physiognomie und Lüsternheit mit Bildern korrelieren, die in der tradierten Kultur Eigenarten des Teufels darstellen. In der Tat lassen sich schon im Mittelalter Judenstereotypen auf unterschiedlichen Ebenen gleichsetzen. Leon Poliakov bringt es auf den Punkt: „Kurz gesagt, die Juden vereinigen in ihrer Person die ganze Skala der Merkmale des Bösen; […] sie stehen […] mit dem Teufel im Zusammenhang."[248].

Für Weiner übernimmt Wagner die aufgezeigten Stereotypen in die Musik, die Alberichs Figur charakterisiert.[249] Schon bei seinem ersten Auftreten in *Rheingold* suggerieren die Streicher, noch bevor er zu singen anfängt, eine hinkende Bewegung. Den Gegensatz dazu bilden die Rheintöchter, deren elegante Bewegungen durch an- und abschwellende Streicherarpeggien und fallende Holzbläserlinien im Decrescendo evoziert werden. Diese Klänge weichen bei Alberichs Erscheinen abrupt dem Forte der Kontrabässe, der Celli und Bratschen sowie der Tuba, des Fagotts und der Klarinetten. Akzentuierte Vorschlagnoten der Celli, imitiert von den Bratschen, und synkopisches Pizzicato-Feuer in den Kontrabässen sorgen für eine unregelmäßige, nachziehende Bewegung. In der ganzen Szene setzt sich diese Gegenüberstellung fort, „so dass die physiologischen Unterschiede zwischen den eleganten, Fischen ähnelnden Wassergeistern und dem hinkenden, einer Kröte gleichenden, schwerfüßigen Gnom akustisch unüberhörbar dargestellt sind."[250]

Das Motiv des Hinkens wird mehrfach wiederholt oder durch ein Äquivalent ausgetauscht, wenn Alberich auf der Bühne erscheint. Auch während der Auseinandersetzung mit seinem Bruder Mime über den Besitz des Rings (*Siegfried*, 2. Akt, 3. Szene) wird musikalisch durch synkopischen Rhythmus und hinkende Aufwärtsbewegung in Klarinette, Bassklarinette und Fagott auf Alberichs zwar eiligen, aber doch auch unbeholfenen Gang angespielt. Bemerkenswerterweise zieht Weiner zur Bestätigung

---

[246] Ebd., S. 308. Weiner führt auch weitere Verbindungen eines idiosynkratischen Ganges und dem Judentum an, so dass offensichtlich wird, dass ein „komischer" hinkender Gang offensichtlich ein Körperzeichen für den Juden per se ist.
[247] Vgl. Gilman, Sander L.: *Der jüdische Körper. Eine Fuß-Note*. In: Ders.: *Rasse, Sexualität und Seuche. Stereotypen aus der Innenwelt der westlichen Kultur*. Reinbek bei Hamburg 1992, S. 181-204.
[248] Poliakov, *Geschichte des Antisemitismus*, Bd. 2, S. 44.
[249] Weiner, *Antisemitische Fantasien*, S. 312.
[250] Ebd., S. 314.

seiner Untersuchung der idiosynkratischen Charakterzeichnung ausgerechnet Curt von Westernhagen[251] heran, der die Akribie Wagners bei der Komposition und mehrfachen Revision dieser Szene deutlich herausgearbeitet hat.[252] Die Schilderung des unnatürlichen und ungelenken Ganges durch den unkonventionellen Rhythmus stellt für Weiner eine „Schlüsselstellung der Figurencharakteristik"[253] dar.[254]

Auch Alberichs Bruder Mime hat einen merkwürdigen Gang, der sich in Verbindung mit Stereotypen des Juden bringen lässt. Allerdings wird dessen Art zu gehen nicht nur mit musikalischen Mitteln, sondern zusätzlich auch textlich zum Ausdruck gebracht, wie beispielsweise in Siegfrieds bösen Kommentaren: *Seh ich dich stehn, gangeln und gehen, knicken und nicken, mit den Augen zwicken – beim Genick möchte ich den Nicker packen.* (*Siegfried*, 1. Akt, 2.Szene). In den zu dieser Szene hinführenden Takten wird die Orchestrierung sparsamer und das Tempo langsamer. Zwei Fagotte, drei Klarinetten und die in zwei Gruppen geteilten Bratschen erhalten für diese Parodie Mimes detaillierte unabhängige Stimmen und übernehmen den Teil des Nibelungenmotivs, der aus nicht punktierten Noten besteht. Das assoziierte Motiv beschreibt nach Weiner an dieser Stelle nicht wie sonst das handwerkliche Hämmern der Nibelungen, sondern den idiosynkratischen Gang Mimes.[255] Auch wird die chronologische Nähe des um 1851 entworfenen Motivs zum *Judentum*-Aufsatz betont und ein ideologischer Zusammenhang vermutet.[256] Das Fehlen der Punktierungen erklärt Weiner damit, dass Siegfried versucht, den Eindruck nachzuahmen, den Mime auf ihn macht. Das Stakkato und die Vorschlagnoten in den Klarinetten (entsprechend den Streichern, die im *Rheingold* Alberich charakterisierten) und in Siegfrieds

---

[251] Curt von Westernhagen legte eine mit der nationalsozialistischen Ideologie konform gehende Wagnerbiographie vor. Udo Bermbach bringt die Funktion Westernhagens und seines Wagner-Buchs auf den Nenner: Es sei „ein charakteristisches Dokument zum einen für die ideologische Wandlungs- und Anpassungsfähigkeit eines NS-belasteten Autors, zum anderen in ihrer durchgehenden Entpolitisierung der Ausdruck jenes gesellschaftlich-politischen Bewusstseins der Bundesrepublik am Ende der fünfziger und zu Beginn der sechziger Jahre, das – allen öffentlichen Ansätzen zum Trotz – noch immer die braune Vergangenheit und die politische Belastung Bayreuths zu verdrängen oder zumindest zu relativieren suchte." Bermbach, Udo: *Wagner in Deutschland.* Stuttgart 2011, S. 42f.
[252] Weiner, *Antisemitische Fantasien*, S. 316. Er beruft sich auf Westernhagen, Curt von: *Die Entstehung des Rings. Dargestellt an den Kompositionsskizzen Richard Wagners.* Zürich 1973, S. 188.
[253] Weiner, *Antisemitische Fantasien*, S. 316.
[254] Aufschlussreich ist in diesem Zusammenhang, dass auch Arnold Schönberg in einem unveröffentlichten Essay (1931) schrieb, dass Wagnerianer die bei Brahms auftretende Neigung, „Triolen und Duolen gleichzeitig zu setzen" als „jüdische Manie" kritisieren. Vgl.: Gradenwitz, *Das Judentum*, S. 89.
[255] Weiner, *Antisemitische Fantasien*, S. 318.
[256] Ebd., S. 318f.

Gesangsstimme vermittelten den Eindruck von Nervosität und „grotesk komischer Instabilität"[257].

Mimes hinkende Musik wird von Weiner auch im zweiten Akt von *Siegfried* ausgemacht. An der Stelle, an der Siegfried sein eigenes Aussehen mit dem seines Ziehvaters vergleicht (*„klein und krumm, höckrig und hinkend, mit hängenden Ohren, triefigen Augen"*), verwende Wagner erneut die Musik, „um Mimes Physiologie mimetisch zu evozieren, speziell seinen hinkenden Gang"[258]. Aber diesmal füge er noch punktierte Rhythmen und Sforzandi hinzu, die an Alberich denken ließen. Damit würde sowohl die Familienähnlichkeit der Nibelungenbrüder deutlich gemacht als auch ihre Andersartigkeit gegenüber Siegfried.

Zusätzlich zu diesen Ausführungen verweist Weiner auch auf die Ähnlichkeit des Erscheinungsbildes Alberichs mit einer Ziege[259], also einem Tier, das seit dem Mittelalter mit dem Teufel (also auch mit den Juden) in Verbindung gebracht wird.[260] So beschreibt Floßhilde im *Rheingold* Alberich mit folgenden Worten: *Deinen stechenden Blick, deinen struppigen Bart, o säh ich ihn, fasst ich ihn stets! Deines stachlichen Haares strammes Gelock.* Weiner folgert: „Indem er [Wagner] Alberich mit Merkmalen eines Ziegenbocks versah, evozierte Wagner das Bestiarium der klassisch-antiken Mythologie mit seinen Bocksgestalten ebenso wie stereotype Judendarstellungen, die in der Fantasie des Volkes dieselben Merkmale aufwiesen."[261]

Weiner betont, dass Alberich nicht nur Judenkarikatur ist, sondern eine psychologische Bedeutsamkeit hat, die unabhängig von der körperlichen Signifikanz bleiben kann. Wie bei Wotan, dessen physische Zeichen wie die Einäugigkeit metaphorisch für geistige Symbole stünden, versinnbildlichten Alberichs Körperzeichen auch geistige Metaphern.[262]

---

[257] Ebd., S. 319.
[258] Ebd., S. 320.
[259] Ebd., S. 321.
[260] Vgl. Poliakov, *Geschichte des Antisemitismus*, Bd. 2, S. 52. Das ziegenähnliche Erscheinungsbild bezieht sich auf eine Fülle von antiken Bildern, am bekanntesten sicherlich Satyr, Faun, Silen und Pan. Poliakov zeigt jedoch, dass die sorglosen, der Lebensfreude zugewandten Wesen in der Fantasie des Mittelalters zu bösen und dämonischen Wesen umgedeutet wurden.
[261] Weiner, *Antisemitische Fantasien*, S. 326.
[262] Vgl. ebd., S. 103.

5.4 Die Sprache von Mime und Alberich

Im *Judentum in der Musik* betont Wagner die angebliche Unfähigkeit der Juden zur musikalischen Schöpferkraft, ja zur künstlerischen Produktion überhaupt.[263] Auch der sprachliche Ausdruck der Juden sei mangelhaft. Weiner macht die musikdramatische Umsetzung dieser absurden Wagnerschen Thesen besonders in der Stimmführung des Beckmesser[264], aber auch in den Dialogen von Alberich und Mime aus. Für ihn sind diese von Bedeutung „weil seine [Wagners] Musik nur in diesen Szenen eine Zwiesprache schildert, die nicht zwischen einem Germanen und einem fremdartigen Juden stattfindet, sondern zwischen zwei Angehörigen der jüdischen Rasse"[265]. Er meint auch, in ihnen würde Wagner deutlich machen, „wie er sich den Versuch vorstellt, in der Interaktion mit Nichtjuden Sprechweise und Stimme zu tarnen".[266] Diese Tarnung falle in den Dialogen weg und die Nibelungen würden sich als das zeigen, was sie wirklich sind und ihrem Geiz und ihrer Habgier freien Lauf lassen.[267]

Im Streit der ungleichen Brüder (*Siegfried*, 2. Akt, 3. Szene) findet sich, so Weiner, jene „prickelnde Unruhe"[268], wie Wagner sie in seinem Aufsatz beschrieb: Ein „gehetztes, ungestümes Motiv in den Holzbläsern, das an eine aggressive ungelenke Gangart und nervöse Anspannung erinnert."[269] Die Gesangslinien der Brüder seien durch wild absetzende, dissonante, herrische Gesten und durch Stakkato-Attacken in den oberen Registern der Sänger charakterisiert. Die „nervöse Energie" des „eigentümlichen Gelabbers"[270] finde sich in Mimes Ausbrüchen „in denen sich die Aufregung nicht selten in noch schnelleren Sechzehntel-Bewegungen zeigt […] häufig in den Regionen des eingestrichenen E, F und Ges".[271] Die Streitszene stellt für Weiner „besonders, was ihren lebhaften ‚nervösen' Charakter betrifft, eine akustische

---

[263] Siehe Kap. 2.2b, S. 27.

[264] Besonders die Stimmlage von Beckmesser bringt Weiner in Verbindung mit der sozialen Implikation der Tonhöhe in Wagners Gedanken über den Zusammenhang von Sprache und Musik. Die Umsetzung der Wagnerschen Thesen die Stimme, den Gesang und die Sprache betreffend lässt sich für Weiner am besten an der Gestaltung der unsympathischen Figur aus den *Meistersingern* demonstrieren. Vgl. Weiner, *Antisemitische Fantasien*, S. 147ff.

[265] Ebd. S. 167.

[266] Ebd. In beiden Zitaten wird deutlich, dass Weiner die antisemitische Lesart der Werke Wagners nicht nur – wie im Vorwort angekündigt – als eine mögliche Lesart unter vielen anderen sieht, die dann dem Rezipienten und den Interpreten obliegen würde, sondern dass Wagner eine antisemitische Ideologie dem Werk direkt – wenn auch in einen Metatext – eingearbeitet habe.

[267] Weiner, *Antisemitische Fantasien*, S. 168.

[268] Wagner, *Das Judentum in der Musik*, S. 162.

[269] Weiner, *Antisemitische Fantasien*, S. 169.

[270] Wagner, *Das Judentum in der Musik*, S. 151.

[271] Weiner, *Antisemitische Fantasien*, S. 171.

Abbildung jüdischer Tonproduktion dar"[272], im Sinne der von Wagner im *Judentum*-Aufsatz geäußerten Auffassungen.[273]

Gegen Ende des Dialogs zwischen Alberich und Mime, als sich das Tempo bis zum *vivace* steigert, erheben beide ihre Stimmen in höchste Höhen (bei Mime steht die Anweisung „kreischend"). Sforzandi, Stakkato und aggressive Verzierungen kommen hinzu. Dies erinnert, so Weiner, bei Alberich an die Charakterisierung seiner Stimme durch Floßhilde im *Rheingold* als „Gekrächz", ein lautmalerischer Ausdruck, der tiefer sei als Mimes „Kreischen".[274] „Krächzen" und „Kreischen" seien ähnlich, aber nicht identisch. Die Zweiteilung der Juden in zwei verschiedene Stereotype, von denen jedes seinen eigenen Klang habe, sei dabei aber nicht Wagners Erfindung.[275] Alberich verkörpere das Stereotyp des Westjuden, „der sich um Anerkennung in einer Welt bemüht, die ihn einfach nicht akzeptieren will" und Mime das des Ostjuden, der zudem als „Metapher für den minderwertigen Künstler"[276] fungiert, der gegenüber dem wahren Künstler Siegfried nur ein Nachahmer – ein Mime – ist.

5.5 Hagen – der degenerierte Jude

Zur Familie von Alberich und Mime gehört auch der finstere Hagen, der Mörder von Siegfried und Gunther. Für Weiner verwendet Wagner auch bei der Darstellung dieser Figur antisemitische Bilder, um sie zu charakterisieren. Hagen entstammt einer sexuellen Beziehung zwischen Alberich und Grimhild. Ob Grimhild ihre sexuelle Gunst an Alberich verkaufte, wie es Wotan in der *Walküre* äußert, oder wie Hagen selbst glaubt, der List des Zwerges erlag, bleibt im Verlauf der *Götterdämmerung* offen. In der *Nibelungen Saga (Mythus),* der Prosa-Vorstufe des *Ring*, vergewaltigt Alberich Hagens Mutter. Für Weiner wird dadurch das Stereotyp des „geilen Juden"

---

[272] Ebd., S. 172.
[273] Wagner hebt im Aufsatz den „zischenden, schrillenden, summsenden und murksenden Lautausdruck" hervor. Wagner, *Das Judentum in der Musik*, S. 150. Siehe auch Kap. 2.2b, S. 27.
[274] Weiner, *Antisemitische Fantasien*, S. 172.
[275] Ebd., S. 176. Weiner verweist an dieser Stelle auch an das musikalische Porträt Samuel Goldenbergs und Schmuyle aus Mussorgskys Zyklus *Bilder einer Ausstellung*. In der Tat werden auch hier zwei verschiedene Judenstereotypen in Musik gesetzt: Der reiche Jude Samuel Goldenberg, eine aggressiv bellende Bassstimme, einschüchternd und polternd und auf der anderen Seite der arme Jude Schmuyle, charakterisiert durch Motive in hohen Lagen. Die Ähnlichkeit der Darstellung von Mime und Schmuyle bzw. Alberich und Samuel ist frappierend und könnte in dem Sinne gedeutet werden, dass Judendarstellungen nicht unbedingt verbal gekennzeichnet werden mussten, um als solche erkannt und gedeutet zu werden.
[276] Weiner, *Antisemitische Fantasien*, S. 293.

durch das Stereotyp des „Juden, der durch List und Trug oder Geld Macht ausübt"[277] ausgetauscht.

Durch die verwandtschaftliche Abkunft Hagens zeichne Wagner „das Schreckbild einer Vermischung gegensätzlicher Rassen"[278], genau so, wie er es in seiner Schrift *Erkenne dich selbst* entworfen hat. Weiner weist anhand von Hagens Körperzeichnung verschiedene antisemitische Codes nach, die sowohl im textlichen als auch im musikalischen Bereich zu finden sind. Hagens blasse Fahlheit wird durch die strukturelle Ähnlichkeit zu Siegmund, der im *Ring* gewissermaßen den Gegenpart zu Hagen einnimmt[279], noch besonders herausgehoben.[280] Mit der Einführung einer weiteren Wälsungengeneration wird die Andersartigkeit Hagens noch offensichtlicher. „Indem Wagner Siegfried, das Produkt der inzestuösen Vereinigung genetisch höherer Wesen, in den Vordergrund stellt, unterstreicht er die Unterschiede zwischen rassisch ‚reinem' Nachwuchs und solchen Nachkommen, die Produkt einer Rassenmischung zwischen einer Deutschen [...] und einem Juden [...] sind."[281] Scheit argumentiert ähnlich, bagatellisiert aber die mütterliche Abstammung Hagens, da nach Wagners Vererbungslehre allein der Vater ausschlaggebend für die Rasse des Sohnes sei.[282] Durch diese Argumente erschließt sich auch der Sinn, warum Siegfried einer zwar inzestuösen, aber eben auch „rassisch reinen" Beziehung entstammt. Für Weiner dient Hagens Körper als „psychologisch-metaphorische Warnung an ein Deutschland, das sich weigert, die biologischen Dimensionen der vermeintlichen Bedrohung durch die Juden zur Kenntnis zu nehmen"[283].

Wie aber zeigt Wagner die körperliche Andersartigkeit Hagens, dessen physiologische Verbindung zu Alberich er selbst erfand?[284] Immer wenn Hagen auf der Bühne erscheint, evoziert er, so Weiner, das Bild des körperlich Andersartigen.[285] Hagen selbst betont auch die genetische Andersartigkeit seines „kalten" Blutes, als er erklärt,

---

[277] Ebd., S. 351. Allerdings – und darauf geht Weiner nicht ein – wäre es dramaturgisch unlogisch, Alberich nach dem Abschwören der körperlichen Liebe, weiterhin als Lüstling, wie im ersten Akt des *Rheingold* darzustellen.

[278] Ebd., S. 350.

[279] Beide sind Söhne der Erzrivalen Wotan und Alberich und wurden mit dem Ziel gezeugt, den Ring zurückzugewinnen. Der Kampf zwischen Gott und Zwerg setzt sich gewissermaßen auf der Ebene ihrer Söhne fort. Auch stammen beide von sterblichen Müttern ab.

[280] Weiner, *Antisemitische Fantasien*, S. 351.

[281] Ebd., S. 353.

[282] Vgl. Scheit, *Verborgener Staat*, S. 291.

[283] Weiner, *Antisemitische Fantasien*, S. 353.

[284] Weder im Nibelungenlied noch in anderen mittelalterlichen Texten wird die Abkunft Hagens als Sohn Alberichs und Halbbruder Gunthers dargestellt.

[285] Weiner, *Antisemitische Fantasien*, S. 354.

sich nicht an Siegfrieds und Gunthers Schwur der Blutsbrüderschaft zu beteiligen.[286] Für Weiner wird das „kalte, stockende Blut" auch in der Musik deutlich, denn „Hagens Anämie wird durch den in dieser Passage stockenden, zunehmend verlangsamten rhythmischen Puls der Musik und durch die immer spärlicher werdende Instrumentation verstärkt"[287].

Auch Hagens Gesanglinie gebe akustische Signale seiner Schwäche, seines Selbsthasses und seines vorzeitigen Alterns. Zur Stelle, an der Hagen *Gab mir die Mutter Mut, nicht mag ich ihr doch danken* usw. singt (*Götterdämmerung*, 2. Akt, 1. Szene)[288], schreibt Weiner:

> „Wiederholt beginnt die Melodielinie in der Mitte des Stimmregisters, um sogleich mit einer Dissonanz […] in die tieferen Bassregionen abzustürzen. […] Auch in den folgenden Phrasen geht die Bewegung immer wieder nach unten, sogar in einem Sprung vom hohen Ces zum tiefen F, über anderthalb Oktaven hinweg. Wagners Musik evoziert ein Gefühl der Erschöpfung. Es ist, als versuche die Figur wiederholt, sich auszudrücken, ohne jedoch in der Lage zu sein, die Intensität des Ausdrucks beizubehalten. Die Stimme fällt und ruht sich aus, sie fällt und ruht wieder. […] So werden Hagens Wesensmerkmale zum Ausdruck gebracht: Isolation, Neid und physiologische Andersartigkeit. Insgesamt bildet die Gesangsstimme ein musikalisch-metaphorisches Äquivalent zum Text."[289]

Weiner bringt noch weitere Beispiele für die musikalische Darstellung von Hagens körperlicher Andersartigkeit bzw. seiner „physiologischen Minderwertigkeit"[290], die sich besonders in Hagens dauernder Erschöpfung zeige und folgert, dass mit diesen physiologischen Merkmalen in Wirklichkeit Hagens „sexuelle Isolation" gezeigt werden soll,[291] denn es „drängten sich in seiner [Wagners] Vorstellungswelt die Motive der Andersartigkeit und des gefährlichen Bluts in den Vordergrund, vereint mit älteren Stereotypen der sexuellen Andersartigkeit von Juden"[292].

---

[286] [*Mein Blut verdärb' euch den Trank…*] Wagner, *Der Ring des Nibelungen*, S. 286.
[287] Weiner, *Antisemitische Fantasien*, S. 356.
[288] Wagner, *Der Ring des Nibelungen*, S. 300.
[289] Ebd., S. 366.
[290] Ebd., S. 358.
[291] Ebd.
[292] Ebd., S. 361.

5.6 Über musikalische Stereotypen

Mit dem aus unterschiedlichen Traditionen entlehnten und mit den Juden assoziierten Bild des Schreckens erschuf Wagner im Urteil von Weiner seine „Bühnenbösewichter im *Ring*, seinem vierteiligen Paradigma von Gefahren, die der Zukunft Deutschlands angeblich drohten – seinem Paradigma einer Welt, der das Schicksal drohte, von hinkenden, düsteren, dämonisch angehauchten Kreaturen aus dem Osten überrannt zu werden."[293] Mit dieser Einschätzung geht Weiner allerdings weit über die im Vorwort angekündigte Überprüfung der Möglichkeit, ob eine antisemitische Lesart der Opern Wagners plausibel sei[294], hinaus. Er verpackt sein Anliegen, den Antisemitismus Wagners auch in dessen musikalischen Werken zu entlarven, in das Offensichtliche und Eindeutige. Dadurch scheint er auf den ersten Blick seine Behauptungen zu belegen, aber wie schon bei Rose und Scheit ist die Brücke in der Beweisführung zwischen Offensichtlichem (und auch von anderen Wagnerforschern so Gesehenem) und angeblich gut verstecktem Antisemitismus sehr dünn. Dass Hagen als körperlich anders und böse dargestellt wird, liegt auf der Hand. Die Interpretation Hagens etwa als sexuell Einsamen ist nachvollziehbar, aber dass diese Eigenschaften quasi automatisch auf das Judentum verweisen würden und vom damaligen Publikum ohne Zweifel als solche erkannt worden wären, wird nur spekulativ herausgestellt.

Sicherlich gelingt es Weiner, einen weitgehend neuen Weg zum künstlerischen Werk Wagners zu öffnen. Er überprüft die Opern und stellt Verknüpfungen zu jüdischen Stereotypen und kulturellen Klischees des 19. Jahrhunderts her. Auch zeigt er, wie visuelle, sinnliche, textuelle und musikalische Ikonen in den Werken Wagners zu einem einheitlichen Bild verschmolzen werden, „das den Juden in einem subtilen Netz kultureller Bezüge zeigt – einem Bild, das Wagners Zeitgenossen in Europa plausibel hätte erscheinen können".[295] An etlichen Stellen in Wagners Opern wird akribisch der Thesaurus aufgezeigt, aus dem Wagner seine Bösewichter für die Bühne schuf. Weiner entschlüsselt die Bilder des Bösen in seinen Haupt- und Nebenbedeutungen, setzt sie in den kulturellen Zusammenhang und lässt den Leser so die Negativ- und damit letztlich auch die Positiv-Bilder, aus denen alle Bühnenfiguren zusammengesetzt wurden, nachvollziehen. Von ihm nahestehenden Autoren unter-

---

[293] Ebd., S. 311.
[294] Ebd., S. 19.
[295] Ebd., S. 288.

scheidet er sich durch ein ausgeprägtes Bewusstsein für die Mehrdeutigkeit und Vielschichtigkeit von Wagners Figuren.

Doch Weiners Beweisführung ist wissenschaftlich problematisch, denn vieles ist spekulativ, vor allem, was die angebliche Absicht Wagners angeht, seinen Antisemitismus mithilfe seiner musikalischen Werke in die Welt zu tragen. Das Publikum des 19. Jahrhunderts als evident empfindlich für antisemitische Codes auszumachen, ist sicher etwas gewagt und oft setzt er die angebliche Intention Wagners mit der angeblichen Erwartungshaltung des Publikums gleich. Weiners umstrittene Studie wäre für die deutsche Forschung sicher akzeptabler gewesen, wenn sie sich auf die Verknüpfungen von antisemitischen Stereotypen aus Wagners Zeit mit dem textuellen und musikalischen Gehalt der Opern beschränkt hätte. Weiner, der das Parteiische und Persönliche der Diskussion um Wagner zu Recht beklagt und auf ein flexibles Verhalten setzt, das keine Scheu davor habe, sich „mit den Zweideutigkeiten und der beunruhigenden Vermengung von Ideologie und Ästhetik"[296] auseinanderzusetzen, hat letztlich nur das Ziel, in Wagners Werk ein System aus „sicht- und hörbaren Zeichen des Hasses"[297] aufzudecken.

Weiners Argumentation ist immer dann nachzuvollziehen, wenn sie die antisemitischen Stereotypen entschlüsselt, aus denen die Figuren zusammengesetzt werden. Jedoch bezeichnen Stereotypen, auch in dem Sinne, wie Wagner sie verwendet, mehr als Vorurteile. Stereotypen[298] sind eine typische Verhaltensstrategie des Menschen, die komplexe auf ihn einströmende Welt zu ordnen und auf ein verständliches Maß zu reduzieren. Die Welt wird in der Wahrnehmung vereinfacht und in eindeutige Lager aufgeteilt: Gut und böse, schön und hässlich, der eigenen Identität anzugliedern oder auszugrenzen. Diese Eigenschaften werden auf Menschen einer Gruppe übertragen, die auch andere Merkmale teilen (z. B. Juden, Frauen etc.) und es wird angenommen, dass alle Mitglieder dieser Gruppe diese Eigenschaften ebenfalls besitzen.[299] Sie lassen uns Vorerwartungen treffen und haben uns als biologische Wesen

---

[296] Ebd., S. 32.
[297] Ebd., S. 49.
[298] Der Begriff „Stereotyp" stammt ursprünglich aus dem Buchdruck und wurde von dem amerikanischen Journalisten Walter Lippmann geprägt und 1922 in die Sozialwissenschaft eingeführt. Lippmann bezeichnet damit die Bilder in unserem Kopf, die durch die Kultur geprägt seien und vorrangig durch Erziehung weitergegeben werden. Vgl. Lippmann, Walter: *Die öffentliche Meinung.* (Original: *The public opinion. The world outside and the pictures in our head.* New York 1922.) München 1964.
[299] Vgl. Benkhoff, Birgit: *Stereotype durch Gruppenidentifikation.* In: Löschmann, Martin; Stroinska, Magda [Hgg.]: *Stereotype im Fremdsprachenunterricht.* Frankfurt am Main 1997, S. 59-73. Hier S. 59f.

über Jahrtausende in dieser oder jenen – auch gefährlichen – Situation das jeweils Richtige tun lassen.

Ob einzelne Stereotypen wahr sind oder nicht, ist dabei unerheblich. Für unsere Diskussion ist der Umstand wichtig, dass jede Stereotypisierung auf einem einfachen Ja-Nein-Konzept basiert, das Menschen (bzw. bei Wagner auch Zwerge, Riesen und Götter) zu Mitgliedern einer Gruppe macht oder sie aus einer solchen ausschließt. Dabei haben negative Heterostereotypen – also meine eigenen Bilder von Menschen, die nicht der Gruppe angehören, der ich mich zugehörig fühle – zumeist die Aufgabe, ein positives Autostereotyp zu evozieren. Die menschliche Vernunft spielt dabei nur eine untergeordnete Rolle, denn Stereotypen sind unnachgiebig gegenüber Kritik und Veränderung. Sie werden höchstens angepasst. Und damit sind wir wieder bei Wagner. Welcher Stereotypen hätte er sich denn beim Erschaffen seiner Bösewichter sonst bedienen sollen, wenn nicht jener, die jüdische und judenfeindliche Affekte assoziieren. Nationale Stereotypen (z. B. antifranzösische) waren zu der Zeit noch kaum verbreitet, da es Deutschland erst ab 1871 gab.[300]

Diese sozialpsychologischen Anmerkungen sind wichtig, will man den Schaffensprozess von Wagners Opern nachvollziehen. Stereotypen[301] kommen in ihnen immer besonders dann zur Geltung, wenn durch einzelne Figuren ganze Gruppen repräsentiert werden sollen. Das ist im *Ring*, in den *Meistersingern* und auch im *Parsifal* der Fall, aber im *Fliegenden Holländer* wiederum gar nicht.[302] Wagner braucht die kulturell überkommenen Bilder von Juden, um die Figuren, die die Gruppe des Bösen repräsentieren, zu zeichnen. Das darf aber nicht wie bei Weiner, Rose u. a. zum Umkehrschluss führen, dass Wagner das Böse benutzt, um Juden darzustellen. Er verwendet zur Charakterzeichnung seiner Figuren die Stereotypen von Juden gewissermaßen nur als Vorlage, als eine Leinwand, die das kulturelle Erbe von vielen

---

[300] Und selbst wenn, würde das kaum eine Rolle spielen, da Stereotypen, die das positive Selbstbild bestärken sollen, nämlich austauschbar sind. So ähneln deutsche Stereotypen von Polen und Franzosen deutlich einigen Stereotypen, die Wagner in seinem *Judentum*-Aufsatz benutzt (Oberflächlichkeit, Unfähigkeit zur wahren Kunst etc.).

[301] Eine für den „entlarvenden" Wissenschaftler tückische Eigenschaft der Stereotypen ist ihre Neigung, sich mit anderen – ähnlich gelagerten – Stereotypen zu einem schwer entwirrbaren Stereotypengeflecht zu vernetzen. Auch der Wissenschaftler ist von kulturell erebten Stereotypen nicht frei und vernetzt seine eigenen auch mit dem Untersuchungsgegenstand, wie die Studie von Weiner unabsichtlich, aber eindrucksvoll belegt.

[302] Überhaupt ist in der zweiten Hälfte des 19. Jahrhunderts ein Boom von „Gruppenopern" auszumachen, in der Einzelschicksale entweder für ganze soziale Klassen stehen (z. B. Puccinis *La Bohéme*) oder wie im *Ring des Nibelungen* für Ethnien. Deswegen wird die Herausbildung einer musikalischen Stereotypisierung so wichtig für die Gattung Oper dieser Zeit.

Jahrhunderten ist. Man könnte es auch so formulieren: Dass die Figuren den Juden ähnlich sehen, bedeutet nicht zwangsläufig, dass sie auch welche sind. Man könnte sogar argumentieren, dass hassenswerte und verächtliche Eigenschaften auf diese Weise verallgemeinert werden, sodass die alleinige Zuschreibung dieser Eigenschaften als rein jüdische Merkmale relativiert wird. So könnte man zur Verteidigung Wagners auch anführen, dass er, hätte er seine Bösewichter wirklich als eminent jüdisch darstellen wollen – ob das dann auch immer gleich antijüdisch bedeutet hätte, sei dahingestellt –, dann aus einem noch viel größeren Pool antisemitischer Stereotypen und auch böser Vorurteile hätte greifen können. Eine Brunnenvergiftung, ein ritueller Kindermord oder sonst ein satanisches Verbrechen hätten sich sicher, wenn Wagner dies gewollt hätte, in der Handlung seiner Oper platzieren lassen. Stattdessen verwendet er relativ schwache jüdische Stereotypen, von denen die meisten erst im Zuge der antisemitischen Bewegung bis ins Dritte Reich – vielleicht auch wegen Wagner – ihre grausame Wirkung entfalteten.

Das schließt natürlich nicht aus, dass diejenigen, die Wagners *Ring* als eindeutig antisemitisch erkennen wollten, Wagners Transferprozess Judenbild → Bösendarstellung[303] während der Rezeption auch rückgängig machen konnten. Aber das geschah dann, weil sie die Figuren eben als Juden sehen wollten und nicht weil diese in den Musikdramen als solche angelegt wären.

Dennoch ist der von Weiner eingeschlagene Weg, trotz aller Mängel, die sicher auch damit zu begründen sind, dass Weiner die Bedeutung des eigenen Forschungsgegenstands überschätzt und damit zu eifrig über sein gesetztes Ziel hinausschießt, der richtige, um diese Dimension des Wagnerschen Opernwerkes zu verstehen. Die Schwierigkeit liegt dabei in einem problematischen – weil zu allgemein gehaltenen – Stereotypenbegriff. Wir halten Stereotypen für Vorurteile und somit für falsch und die Welt fehlerhaft wahrnehmend.

So gibt es auch viele Beispiele für „musikalische Stereotypen". Die Janitscharenmusik in Mozarts *Entführung aus dem Serail* – um nur ein Beispiel zu nennen – etwa baut viel mehr auf dem Bild auf, das Mozart von der Musik des Orients hatte, als auf tatsächlich orientalischer Musik. Der Entschlüsselung von musikalischen Stereotypen

---

[303] Ein Transfer, der zuvor kulturell in umgekehrter Richtung ablief. Bilder und Vorstellungen des Bösen wurden schließlich über Jahrhunderte den Juden übergestülpt. Von Wagner wieder benutzt, um das Böse zu zeigen und vom Publikum, sofern es bereit war für diesen erneuten Transfer, wieder auf die Juden übertragen.

könnte die musikwissenschaftliche Forschung deutlich mehr Aufmerksamkeit widmen. Besonders in den Werken Wagners würde sie dabei reiche Beute machen.

Die Arbeiten von Rose, Scheit und Weiner riefen großen Widerspruch hervor, und die konservative Wagnerforschung sah sich durch diese Veröffentlichungen, die durch Publikationen von Köhler und Gottfried Wagner ergänzt wurden, gezwungen, sich dem Thema des „musikalischen" Antisemitismus bei Wagner anzunehmen. Das gipfelte in zwei wissenschaftlichen Tagungen, die im nächsten Kapitel thematisiert werden sollen.

6. Die aktuelle Diskussion

Wohl auf Druck der in den 90er Jahren veröffentlichten wagnerkritischen Publikationen fanden 1998 und 1999 zwei wissenschaftliche Konferenzen statt, die sich mit Wagners Beziehungen zum Judentum bzw. seiner Bedeutung für das Dritte Reich beschäftigten.

6.1 Das Symposion Richard Wagner und die Juden

Das im Sommer 1998 am Rande der Festspiele in Bayreuth unter dem Titel *Richard Wagner und die Juden* stattfindende Symposion wurde auf Anregung der Universität Tel Aviv organisiert. Die Universität wollte mit der Konferenz und der öffentlichen Diskussion zu diesem sensiblen Thema einen neuen Weg zu Wagner bahnen, weil dessen Werke in Israel immer noch als unspielbar gelten. Die Leitung der von der Richard-Wagner-Stiftung getragenen Tagung lag in den Händen des israelischen Musikhistorikers Ami Maayani[304], der Bayreuther Theaterwissenschaftlerin Susanne Vill und des Heidelberger Literaturwissenschaftlers und renommierten Wagnerkenners Dieter Borchmeyer.

Eine kontroverse Debatte war jedoch nicht das Ziel der Organisatoren. So wurde als dezidierter „Antiwagnerianer" lediglich der englische Literaturwissenschaftler Paul Lawrence Rose geladen. Auf eine Einladung des in Deutschland prominentesten Wagnerkritikers Hartmut Zelinsky wurde mit dem Hinweis verzichtet, dass man die Rolle des „rabiaten Wagner-Gegners" nicht doppelt besetzen wolle.[305] So verblieb für Rose die Rolle des Alibi-Kritikers – eine Rolle die er nutzte, denn nach seinem Vortrag kam es in der anschließenden Diskussion zu tumultartigen Szenen.[306]

Ein Jahr später erschien ein Sammelband, der auf den neunzehn Vorträgen dieser Konferenz basiert.[307] Dabei wird natürlich auch in einigen Beiträgen die Frage nach

---

[304] Der Komponist und Musikwissenschaftler setzt sich in Israel unermüdlich für eine allgemeine Akzeptanz der Werke Wagners ein und ist Verfasser der ersten auf Hebräisch erschienenen Wagner-Biographie.

[305] Vgl. Sattler, *Bayreuth*, S. 38.

[306] Mit dem Hinweis auf die vorgegebene Redezeit wurde Roses Vortrag vorzeitig unterbrochen und dies, obwohl auch einige Vorredner die Redezeit deutlich überschritten hatten.

[307] Borchmeyer, Dieter u. Maayani, Ami u. Vill, Susanne [Hgg.]: *Richard Wagner und die Juden.* Stuttgart, Weimar 2000. Der Band enthält neben den Vorträgen der Symposionsteilnehmer auch eine

Judenkarikaturen in Wagners Opern aufgeworfen. Im Folgenden sollen ausgewählte Äußerungen der Teilnehmer, die für die hier untersuchte Diskussion relevant sind, aus den Beiträgen extrahiert dargestellt werden.

Der Historiker und Holocaust-Überlebende Saul Friedländer, der in seinem Beitrag[308] die Frage erörtert, inwiefern sich Wagners Antisemitismus mit seiner Erlösungsideologie im Einklang befindet, erkennt durchaus an, dass „viele Opernbesucher zur Zeit Wagners und auch in späteren Jahren die wahre Bedeutung Mimes"[309] verstanden hätten. Der „wahren" Bedeutung nach sei Mime ein Individuum, welches aus der „Volksgemeinschaft" gewaltsam ausgestoßen werden solle. „Mime als Personifikation des Juden schlechthin musste dabei gar nicht überdeutlich gezeichnet werden."[310] Auch verdeutlicht er, dass die Figur des Mime in *Ring*-Inszenierungen des Dritten Reiches wenig Zweifel daran lasse, dass man sie als jüdische Karikatur verstand. Er sieht einen Zusammenhang zwischen Wagners Leben und dem *Ring*, der das „Bedürfnis gewaltsamer Erlösung der Volksgemeinschaft von den Juden erkennen"[311] lässt.

Das ästhetische Motiv in Wagners Antisemitismus untersucht Udo Bermbach.[312] Diese Arbeit ist wichtig, denn hier wird Wagners *Judentum*-Aufsatz von der „offiziellen" Wagnerforschung erstmals in einen direkten Kontext zu den *Zürcher Kunstschriften* gestellt. Über die Verbindung von Wagners Antisemitismus und dessen Werkkonzeption meint Bermbach:

> „Wagners Haltung zur Judenfrage ist dann nicht mehr nur eine Frage seiner persönlichen Wert- oder Geringschätzung einzelner jüdischer Komponisten […], sondern sie ist tiefer verankert, weil systematisch verbunden mit einer Werkkonzeption, die

---

Zusammenfassung der Diskussionen, die sich an den jeweiligen Vortrag anschlossen. Eine Schwäche des Bandes ist die versuchte Einflussnahme auf den Leser in der kurzen Einleitung. Hier wird der Diffamierung der Person Roses und seines Vortrags fast eine ganze Seite gewidmet. Das Statement der Herausgeber schließt mit folgenden Worten: „Diese Äußerungen und die weiteren Ausführungen von Rose […] widersprechen der Wahrheit und verletzen grob die Grundregeln wissenschaftlicher Redlichkeit. Davon wird sich der unbefangene Leser der vorliegenden Dokumentation überzeugen können." (S. 6) Hier ist eindeutig die Handschrift von Borchmeyer erkennbar, der in der Diskussion um Wagners Antisemitismus oft mehr durch Verleumdung seiner Widersacher und beleidigtes Gezänk auffällt als durch konstruktive Beiträge zum Thema. Dies lässt den „unbefangenen Leser" eher ratlos zurück, zumal Borchmeyer als einer der renommiertesten Wagnerforscher in Deutschland gilt.

[308] Friedländer, Saul: *Bayreuth und der Erlösungsantisemitismus*. In: Borchmeyer, Dieter u. Maayani, Ami u. Vill, Susanne [Hgg.]: *Richard Wagner und die Juden*. Stuttgart, Weimar 2000, S. 8-19.

[309] Ebd., S.11.

[310] Ebd.

[311] Ebd., S.12.

[312] Bermbach, Udo: *Das ästhetische Motiv in Wagners Antisemitismus. ‚Das Judentum in der Musik' im Kontext der ‚Zürcher Kunstschriften'*. In: Borchmeyer, Dieter u. Maayani, Ami u. Vill, Susanne [Hgg.]: *Richard Wagner und die Juden*. Stuttgart, Weimar 2000, S. 55-78.

mit der Theorie des Gesamtkunstwerks sein gesamtes musikalisches Schaffen spätestens seit dem *Ring des Nibelungen* entscheidend bestimmt."[313]

Diese These wird aber gleich darauf abgeschwächt, denn das heiße nicht,

> „dass dieser Antisemitismus die musikdramatischen Werke selbst affiziert. Für eine so weitreichende These gibt es bei Wagner selbst, weder in den veröffentlichten Schriften noch in den Cosima-Tagebüchern keinen einzigen Beleg."[314]

Insgesamt ist bei Bermbach zu beobachten, dass er hier und in anderen Publikationen[315] die Problematik von Wagners Antisemitismus allein in der Sprache ausmacht. Der israelische Philosoph Yirmiyahu Yovel setzt sich in seinem Beitrag mit Friedrich Nietzsches Verhältnis zu Wagner auseinander, dessen Aversion gegen Wagner Yovel als eine Art Vatermord darstellt.[316] Der private Antisemitismus Wagners und der politische Gehalt seiner Werke sind für Yovel, der sich in Israel für ein Aufführungsrecht von Wagners Musik einsetzt[317], grundsätzlich zu trennen. Für ihn erfüllt Wagner mit seinem antisemitischen Pamphlet die Aufgabe, Juden in der Öffentlichkeit zu schmähen und Hass gegen sie zu erzeugen.[318] Dabei würde Wagner seine Gedanken „weder analytisch noch argumentativ"[319] belegen. Mit dieser „primitiven politischen Psychologie" würde er erst die breiten Massen seiner Zeit ansprechen und später die Nationalsozialisten. Hätte Wagner die primitiven und ungezügelten Emotionen, die er in seinem *Judentum*-Aufsatz an den Tag legte, im *Ring* angewendet, hätte, so Yovel,

> „Wotan Brünnhilde vor allem verfluchen müssen, Hunding Siegmund auf der Stelle umgebracht, Alberich ausschließlich wild herumgeschrien [...], das Orchester eine Kakophonie formloser Emotion verbreitet, und die berühmtem Leitmotive wären zu simplen Klischees verkommen. Der Künstler Wagner ging glücklicherweise nicht beim Pamphletisten Wagner in die Schule".[320]

Jedoch hält Yovel die Frage, ob sich Wagners Antisemitismus in seiner Musik oder in bestimmten seiner Bühnenfiguren festmachen lasse, insgesamt für schwierig. Erstens hänge die Antwort vom Blickwinkel des Betrachters ab und zweitens unterlasse Wagner antijüdische Gefühle da, wo er sie hätten anbringen können und äußere sie

---

[313] Ebd., S. 59

[314] Ebd. Hingewiesen sei auf den Widerspruch, der zwischen beiden Aussagen liegt.

[315] Vgl. v. a. Bermbach, Udo: *Der Wahn des Gesamtkunstwerks. Richard Wagners politisch-ästhetische Utopie.* 2. überarbeitete und erweiterte Aufl., Stuttgart, Weimar 2004; ders.: *Blühendes Leid. Politik und Gesellschaft in Richard Wagners Musikdramen.* Stuttgart, Weimar 2003.

[316] Yovel, Yirmiyahu: ‚*Nietzsche contra Wagner'* und die Juden. In Borchmeyer, Dieter u. Maayani, Ami u. Vill, Susanne [Hgg.]: *Richard Wagner und die Juden.* Stuttgart, Weimar 2000, S. 123-143.

[317] Vgl. Sattler, *Bayreuth*, S. 38.

[318] Yovel, *Nietzsche contra Wagner,* S. 137.

[319] Ebd., S. 138.

[320] Ebd.

nur zwischen den Zeilen.[321] Bei der weltanschaulichen Haltung der Figur Siegfried ließe sich allerdings eine „erstaunliche Analogie" zwischen dem Aufsatz und einer Kernszene des *Siegfried* (1. Akt, 1. Szene: *Vieles lehrtest du Mime...*[322]) erkennen. Obwohl Siegfried die wahren Absichten Mimes noch nicht kennt, verachtet er ihn unwillkürlich. „Wagners Empfehlungen aus *Das Judentum in der Musik* folgend, macht er keinen Hehl aus seinem ‚natürlichen' Abscheu."[323]

Dem Aufsatz *Universalität oder Partikularität? Zur Frage antisemitischer Charakterzeichnung in Wagners Werk*[324] von Hermann Danuser muss in diesem Rahmen besondere Aufmerksamkeit zuteilwerden, da er, neben Brinkmanns Aufsatz *Lohengrin, Sachs und Mime oder Nationales Pathos und die Pervertierung der Kunst bei Richard Wagner*[325], den einzigen ausführlicheren Beitrag seitens eines Musikwissenschaftlers zu der hier untersuchten Diskussion darstellt, deren Frage nach der jüdischen Charakterzeichnung in Wagners Werk nicht eindeutig „mit einem klaren ‚ja' oder ‚nein' zu beantworten" ist, wie Danuser eingangs vermerkt.[326]

Apologetisch greift Danuser das Argument der Wagner-Verteidiger auf, dass in Wagners Opern kein Antisemitismus nachzuweisen sei:

> „Im Text der Wagnerschen Werke findet sich keine einzige dramatis personae, die offen als ‚jüdisch' bestimmt wäre. Auch in den unmittelbaren Paratexten der Werke, zumal in seinen poetologischen Abhandlungen oder Kommentaren, hat Wagner selbst niemals auf eine derartige Schicht in seinen Werken explizit aufmerksam gemacht."[327]

Deswegen sei die Forschung gezwungen, über den Kontext oder den Subtext zum Werk vorzudringen, was aber schwierig sei, da diese nicht falsifizierbar seien. So sei man auf Wagners übriges Schrifttum angewiesen, um Rückschlüsse auf das musikdramatische Werk ziehen zu können.

Nach einer Inhaltsbeschreibung und punktuellen Interpretation der dritten Szene aus dem zweiten Akt von *Siegfried*, in der sich Mime Siegfried gegenüber verstellt, dem

---

[321] Ebd.

[322] Wagner, *Der Ring des Nibelungen*, S. 172f.

[323] Yovel, *Nietzsche contra Wagner*, S. 138.

[324] Danuser, Hermann: *Universalität oder Partikularität? Zur Frage antisemitischer Charakterzeichnung in Wagners Werk.* In: Borchmeyer, Dieter u. Maayani, Ami u. Vill, Susanne [Hgg.]: *Richard Wagner und die Juden.* Stuttgart, Weimar 2000, S. 79-102.

[325] Brinkmann, Reinhold: *Lohengrin, Sachs und Mime oder Nationales Pathos und die Pervertierung der Kunst bei Richard Wagner.* In: Danuser, Hermann u. Münkler, Herfried [Hgg]: *Deutsche Meister – böse Geister? Nationale Selbstfindung in der Musik.* Schliengen 2001; S. 206-221.

[326] Danuser, *Universalität oder Partikularität,* S. 79.

[327] Ebd., S. 79f.

Publikum seine wahren Absichten aber zuteilwerden, kommt Danuser zu dem Schluss: „Scheinen in dieser Charakterzeichnung jüdische Elemente auf? Kaum." Aus der Tatsache, dass Wagner Antisemit war, könne man nicht folgern, dass negativ gezeichnete Charaktere als Judenkarikaturen aufzufassen wären. Wagner habe das Böse vielmehr universal konzipiert und außerdem seien Figuren wie Mime und Alberich schon deshalb keine Juden, da sie den – von Wagner als „deutsch" empfundenen – Stabreim benutzen würden:[328]

An anderer Stelle geht Danuser der Frage nach, ob Mime etwa deshalb als jüdische Person figuriert worden sein könnte, um die Antipathie des jungen Siegfried diesem gegenüber zu verdeutlichen. Jene von vornherein herrschende Abneigung Siegfrieds „korrespondiert auf der Werktextebene mit jener Art von unwillkürlich Abstoßendem, instinktmäßiger Abneigung beziehungsweise natürlichem Widerwillen, welche Wagner zu Beginn seines Pamphlets *Das Judentum in der Musik* als irrationale Abwehrreaktion des Deutschen gegen Juden auf Kontextebene unterstellt",[329] räumt Danuser zwar ein, widerlegt diese Deutung jedoch sofort mit dem wenig wissenschaftlich anmutenden Argument, dass gemäß Wagners Weltsicht alle Affekte, Hass wie auch Liebe vom eigenen Willen unbeeinflusst, nur von Natur gegeben seien.[330] Apologetisch fasst Danuser zusammen: „Die negative Charakterzeichnung, werkspezifisch konkret, gehorcht einer allgemeinen Reaktionsform, nicht den partikularen Ausgrenzungsmechanismen des Wagnerschen Antisemitismus."[331]

Dem Leser von Danusers Aufsatz fällt es wegen der hochtrabenden Sprache schwer,[332] dessen Argumentation nachzuvollziehen. Die manierierte und mit nichtssagenden Fremdwörtern gespickte „Beweisführung" erscheint oft wenig stringent und seine wissenschaftlichen Argumentationslinien passen nicht mit den Thesen, die er zur jüdischen Charakterzeichnung äußert, zusammen, sodass die Abhandlung insgesamt wenig zu überzeugen vermag.

Erkenntnistheoretisch fragwürdig und auch unlauter gegenüber seinen Kollegen ist der abschließende Befund Danusers, nach dem diejenigen, die den Antisemitismus

---

[328] Ebd., S. 89.
[329] Ebd., S. 93.
[330] Damit widerspricht er Yovels Ansicht, nach der Siegfrieds Abscheu mit „Wagners Empfehlungen aus dem *Judentum in der Musik*" korrespondieren würde. Siehe Anm. 323.
[331] Danuser, *Universalität oder Partikularität*, S. 93.
[332] Der Umstand, dass es sich hier ursprünglich um einen mündlichen Vortrag handelt, der für den Tagungsband nur unzureichend redigiert wurde, erschwert dies obendrein.

doch eigentlich bekämpfen wollten, „entgegen den eigenen Intentionen antisemitische Lesarten von Kunstwerken ohne Not wach" halten und diesen vielmehr verstärken würden, indem sie „grundlos" die Ansicht verträten, „bei den negativ gezeichneten Figuren in Wagners Musikdramen handle es sich um jüdische Charaktermasken".[333] Daher solle sich die aktuelle Interpretation Wagnerscher Musikdramen davon abwenden, um sich vielmehr noch unbekannten Perspektiven zuzuwenden, „die sich aus der vielfältig ausschöpfbaren Differenz zwischen dem Partikularen und dem Universalen ergeben."[334]

Im Anschluss an Danusers Vortrag auf dem Bayreuther Symposion kam es zu einer Diskussion, während der Borchmeyer betonte, „dass die Frage nach jüdischen Figuren im Werk Wagners den Unterschied zwischen dem argumentativen und dem ästhetischen Diskurs berücksichtigen" müsse. Während ein Traktat auf ein bestimmtes Resultat ziele, „wäre diese Tendenzhaftigkeit für ein Kunstwerk deplatziert".[335] Die Werkimmanenz unterstreichend meint er, dass das Kunstwerk nur auf sich selbst verweise. Sven Friedrich, Direktor des Richard-Wagner-Museums Bayreuth, unterstützt ihn, wenn er ergänzt, dass gegen eine antisemitische Tendenz der Figuren spreche, dass es auch aus Wagners Arbeit als Regisseur hervorgehe, dass dieser sich keiner jüdischen Stereotypen bediene. Die israelische Historikerin Dina Porat weist darauf hin, dass die Figuren nur vom Zuschauer mit jüdischen Zügen belegt werden können und dass die antisemitische Wahrnehmung der Werke Wagners mehr über das Publikum aussage als über die Intention des Autors.

Auch der umstrittene Beitrag Roses[336] streift die Frage nach der Judencharakteristik im *Ring*. Er begründet seine Feststellung, dass es zweifellos antisemitische Musik gäbe, mit den Eingangsduetten aus dem *Rheingold*, die für ihn „scharfe stilistische Meyerbeer-Parodien" sind und auch mit „Mimes Wehklagen über Dankbarkeit im *Siegfried*", da für Wagner „die Dankbarkeit zum grundlegenden Schwindel der Juden, was menschliche Freiheit angeht", gehöre.[337] Ohne dies näher zu belegen, behauptet

---

[333] Danuser, *Universalität oder Partikularität,* S. 100.
[334] Ebd.
[335] Alle direkten und indirekten Zitate dieses Absatzes finden sich in der Zusammenfassung der Diskussion um Danusers o. g. Beitrag, die von Wolf-Daniel Hartwich besorgt wurde. In: Borchmeyer u.a., *Richard Wagner und die Juden,* S. 101f.
[336] Rose, Paul Lawrence: *Wagner und Hitler – nach dem Holocaust.* In: Borchmeyer, Dieter u. Maayani, Ami u. Vill, Susanne [Hgg.]: *Richard Wagner und die Juden.* Stuttgart, Weimar 2000, S. 223-237.
[337] Ebd., S. 232.

er, dass nicht nur die Textvorlage des *Ring* antisemitische Züge trage, sondern dass auch die Musik selbst antisemitisch sei.

Die Kenntnis des antisemitischen Kontextes ist für Rose die Voraussetzung, um sich der „enormen dramatischen Kraft" bewusst werden zu können, denn

„wir rezipieren diese Figur [Mime] in dem stetigen Bewusstsein, dass die jüdische Frage die deutsche Kultur als gesellschaftliches, persönliches, politisches und existenzielles Faktum beherrschte und half, den Weg für Hitler freizumachen. Diese unterschwellige Aktualität versieht den Kampf zwischen Siegfried und Mime mit ungeheurer psychologischer und dramatischer Ironie und Intensität."[338]

Dass im *Ring* Antisemitismus zu entdecken sei, mache Wagner aber nicht automatisch zum Nationalsozialisten, auch wenn er mit einem nationalsozialistischen Ethos sympathisiere.[339] Gleichwohl schmälere all dies nicht das unverkennbare Genie Wagners und der Antisemitismus sei auch nicht das einzige Kriterium seiner Opern. Dennoch plädiert Rose für eine Aufrechterhaltung des Wagner-Banns in Israel, da Wagner „zu sehr mit dem Antisemitismus und dem Nationalsozialismus, mit Hitlers Weltanschauung, mit den Vorbereitungen für den Holocaust" verbunden sei.[340]

Der britische Dirigent Joseph Horowitz, der sich in seinem Beitrag mit der frühen Wagnerrezeption in Nordamerika auseinandersetzt,[341] wertet die Ergebnisse von Weiners Studie als prinzipiell richtig und naheliegend. In Mimes Effekthascherei und seiner virtuosen Beherrschung von Schmeichelei und Heuchelei erkennt Horowitz Wagner, der sich vor einer jüdischen Abstammung fürchtete.[342] Es mache wenig Sinn, Wagners Gestalten in böse Juden und böse Arier zu unterscheiden, denn die „jüdischste" unter ihnen – Mime - sei nicht notwendigerweise die scheußlichste und man müsse bei Wagner auch die Ambivalenz sehen, mit der seine Figuren gezeichnet sind.[343]

---

[338] Ebd.
[339] Vgl. ebd., S. 233.
[340] Ebd., S. 234.
[341] Horowitz, Joseph: *Wagner und der amerikanische Jude. Eine persönliche Betrachtung.* In: Borchmeyer, Dieter u. Maayani, Ami u. Vill, Susanne [Hgg.]: *Richard Wagner und die Juden.* Stuttgart, Weimar 2000, S. 238-250.
[342] Vgl. ebd., S. 246.
[343] Vgl. ebd., S. 247.

6.2 Die Tagung Richard Wagner im Dritten Reich

Ein Jahr später fand in Elmau – auf neutralem Boden – eine thematisch ähnliche Tagung statt, deren Beiträge von Friedländer und Rüsen unter dem Titel *Richard Wagner im Dritten Reich* herausgegeben wurden.[344] Das Buch stellt eine willkommene Ergänzung zu dem Band über die Bayreuther Tagung dar, hat aber viele Überschneidungen und Wiederholungen zu jenem. Die wagnerkritische Seite kommt hier in Gestalt von Zelinsky, Rose und Weiner zu Wort, kann aber für denjenigen, der andere Texte dieser Autoren kennt, nicht wirklich Neues bieten. Da die Beiträge zur Elmauer Tagung überwiegend die Wirkung von Wagner auf den Nationalsozialismus betrachten, kommt das Problem des Antisemitismus in den Musikdramen Wagners nur gelegentlich am Rande zur Sprache.[345]

Einen Beitrag zu unserer Diskussion bietet u. a. David J. Levin. Der amerikanische Germanist und Kulturwissenschaftler, der schon zuvor mit wichtigen Arbeiten zum Thema Wagner und völkische Rezeption und der „Ästhetik des Antisemitismus"[346] aufgefallen ist, referiert in seinem Beitrag die *Dramaturgie der Alterität*[347]. Damit meint er die gleiche Strategie des Ausgrenzens und der Konzipierung von Feindbildern bei Wagner und bei den Nationalsozialisten. An Žižek orientiert[348] sagt er, dass das Volk (die Deutschen) – eine Gemeinschaft, die real nicht existiere – das Feindbild der Juden brauche, um sich seiner selbst zu vergewissern und die eigene Nichtexistenz zu vertuschen. Diesen Spuren des Antisemitismus geht Levin weder im politischen noch im persönlichen Bereich Wagners nach, sondern konzentriert sich auf die ästhetischen Merkmale, die Wagners Antisemitismus in seinen Werken verdeutlichen.

---

[344] Friedländer, Saul u. Rüsen, Jörn [Hgg.]: *Richard Wagner im Dritten Reich. Ein Schloss Elmau-Symposion*. München 2000.

[345] So bietet Gudrun Schwarz Einblicke in die Entwicklung des Brünnhildemythos bei völkischen Ideologinnen und Jens Malte Fischer einen Überblick über die Wagner-Aufführungen im Bayreuth der 20er bis 40er Jahre, in denen „die Gestalt des Siegfried dem Heldenkult des Dritten Reichs, vor allem in seinem Totschlag-Gegensatz zum Untermenschen Mime" entsprach (Ebd., S. 148). Nike Wagner beleuchtet kritisch die Beziehungen ihrer Großmutter Winifred zu Adolf Hitler. Horst Weber thematisiert den Wandel des Wagnerbildes im Exil und Dorothea Redepennig untersucht die Wagner-Rezeption in der frühen DDR. Den zentralen Aufsatz zur Wirkungsgeschichte Wagners im Dritten Reich bietet aber Reinhold Brinkmann. Anhand einer Bestandsaufnahme der Aktualität Wagners im Dritten Reich stellt er die musikästhetische Auseinandersetzung um das Werk dar und verdeutlicht den Kontrast zwischen der betont antiwagnerianischen Ästhetik der 20er Jahre und der des Nationalsozialismus.

[346] Vgl. Levin, *Reading Beckmesser Reading*, S. 148.

[347] Levin, David J.: *Die Dramaturgie der Alterität*. In: Friedländer, Saul u. Rüsen, Jörn [Hgg.]: *Richard Wagner im Dritten Reich. Ein Schloss Elmau-Symposion*. München 2000, S. 92-108.

[348] Vgl. Žižek, Slavoj: *Parallaxe*. Frankfurt am Main 2006.

Der Begriff des „Juden", wie Wagner ihn verwendet, ist für Levin dabei das Zerrbild des Juden, wie es in der Phantasie von Antisemiten existiert. Wagner verwende ästhetische Eigenschaften zur Kennzeichnung, die er selbst nicht ausstehen kann, um nach der Einführung der Figur wieder auf sie zu verzichten und so ihre Verzichtbarkeit darzustellen. Auch im *Ring* wird, so Levin, eine bestimmte negativ-ästhetische Praxis mit einer Figur eingeführt, um sie dann wieder verbannen zu können. In dieser Hinsicht sei zu deuten, dass Mime, der ständig und ungeschickt erzählt, während und aufgrund seines Erzählens von Siegfried getötet wird. Doch selbst dann erfülle die Figur noch eine Funktion, die der „Juden" aus den Schriften: Sie verkörperten die Bedrohung des ästhetischen und sozialen Scheiterns.

Mime gibt von vornherein zu, dass er zu kreativer Tat nicht fähig sei. Mimes Kunst ist nicht die des Schmiedens, denn er ist nicht in der Lage, Nothung neu zu schmieden, sondern die des Nachahmens, des Nachmachens, des Mimens, also eine unnatürliche Kunst, genauso wie Wagner sie als jüdische Kunst in das *Judentum in der Musik* und als moderne Kultur in *Das Kunstwerk der Zukunft* darstellt. Im Gegensatz zu Siegfried, der in seiner Naturverbundenheit die echte Künstlernatur repräsentiert: Er kann spontan reden, sogar mit einem Bären und einem Waldvogel und sogar den Versuch Mimes, ihn mithilfe von Sprache zu überlisten, durchschauen.[349]

Da sowohl der Held Siegfried als auch der Antiheld Mime während des Erzählens umgebracht werden, bedeutet dies für Levin, dass das Erzählen für Wagner einen besonders herausfordernden Stellenwert hat. Er verweist auf die schrittweise Ausdehnung des Nibelungen-Projekts, bei der Wagner aber einen Großteil der erzählerischen Momente zu Ungunsten der Darstellung beibehalten habe. Der *Ring* bezeuge „die Zähigkeit, wenn nicht gar die Vorherrschaft der Erzählung"[350]. Der Konflikt zwischen Erzählung und Darstellung im *Ring* werde schließlich auch zur Krise Mimes und Siegfrieds. Die Erzählung als „quasi-jüdisches Gegenstück zu den heldenhaften Darstellungstaten" ist für Levin bei Wagner erwünscht wegen seiner Unerwünschtheit.[351] Und so sei es auch vorstellbar, dass die Lindenblattstelle Siegfrieds, die im *Ring* gar nicht vorhanden ist, nicht als Stelle am Körper des Helden zu sehen ist,

---

[349] Allerdings ist zu konstatieren, dass Siegfried in der *Götterdämmerung* durch Hagen in eine ähnliche, auf Sprache basierende Falle gelockt und getötet wird.
[350] Levin, *Die Dramaturgie der Alterität*, S. 96.
[351] Ebd., S. 98. Ähnlich hatte schon Carolyn Abbate argumentiert, als sie es als das größte Paradoxon in der Geschichte des *Ring* bezeichnete, dass Wagner die Erzählung, trotz freudiger Verkündung, sie abgeschafft zu haben, doch beibehält. Vgl. Abbate, Carolyn: *Unsung Voices. Opera and Musical Narrative in the 19th Century*. Princeton 1991, S. 161ff.

sondern als eine im Körper der Erzählung. Er belegt dies mit Mime, der Verkörperung der Erzählung, der als „ekliger Schwätzer" umgebracht wird. Dieses Vorgehen hat nach Levin nur einen Zweck:

> „Es dient nämlich der Vereinigung der Künste, zu der diese Figur [Mime] nicht gehört (und zwar einerseits als Verkörperung von bestimmten, für Wagner unakzeptablen ästhetischen Praktiken und andererseits schlicht als ‚Jude'). Der *Ring* soll eben ohne zu viel Erzählung zustande kommen. Da wird die noch übrig bleibende Erzählung als ‚jüdisch' abgetan."[352]

Der „Jude" habe im Ring immer wieder die Aufgabe, auf eine soziale und ästhetische Position zu verweisen, zu deren Aufhebung das Gesamtkunstwerk geradezu ausersehen sei.[353]

Man kann die Elmauer Konferenz getrost als Höhepunkt des Dialogs zwischen Wagnerianern und Antiwagnerianern in der wissenschaftlichen Forschung betrachten. Obwohl die einzelnen Beiträge sich kaum aufeinander beziehen und viele gute Gedanken nur angedacht und leider auch in späteren Jahren nicht weiter geführt wurden, entstand doch ein Eindruck, welche Themenfelder die Gemüter besonders erhitzten und wo Forschungslücken bestehen: So mahnte der Jörn Rüsen, der Organisator der Tagung, auch Grundlagenforschung und ein besseres interdisziplinäres Arbeiten an.[354] Die erläuterten Beiträge der beiden Tagungen verdeutlichen dies.

6.3 Opernsplitter

Im Folgenden sollen Äußerungen verschiedener Forscher dargestellt werden, die nach den Konferenzen von Bayreuth und Elmau in verschiedenen Zusammenhängen getätigt wurden und die etwas für die hier untersuchte Diskussion über antisemitische Zerrbilder im *Ring des Nibelungen* beitragen können.

Der Philosoph Slavoj Žižek macht darauf aufmerksam, dass Wagner den grausamen Umgang Siegfrieds mit Mime durchaus kritisch sieht. Die

> „ungezügelte, vermeintlich unschuldige Aggressivität, einen Drang, geradewegs den zu zerquetschen, der einem auf die Nerven geht. […] Ist dies nicht der elementarste Ekel, das elementarste Abgestoßensein, wie ein Ich es empfindet, wenn es mit dem sich aufdrängenden fremden Körper konfrontiert wird? Man kann sich gut ei-

---

[352] Levin, *Die Dramaturgie der Alterität*, S. 99.
[353] Ebd., S. 102.
[354] Vgl. Rüsen, *Wagner im Dritten Reich*, S. 15ff.

nen Neonazi-Skinhead vorstellen, der einem abgekämpften türkischen Gastarbeiter genau dieselben Worte ins Gesicht schleudert."[355]

Auch merkt Žižek an, dass nicht Alberichs verhängnisvolle Entscheidung im *Rheingold* die Quelle des Übels ist, sondern Wotan, der das natürliche Gleichgewicht störte, indem er dem Köder der Macht verfiel und dieser den Vorzug vor der Liebe gab.[356] Wagners Ablehnung der Gesellschaft des Tauschs laufe auf den Versuch hinaus, das Gleichgewicht vor dem Sündenfall wiederherzustellen, was nirgends so deutlich werde wie in seiner „Sexualpolitik", die dem Inzest zwischen Siegmund und Sieglinde dem exogamen Frauentausch zwischen Hunding und Sieglinde den Vorzug gebe.[357] Neben dem deutschen Geist und dem jüdischen Prinzip gebe es einen dritten Begriff, die Modernität, die Welt des Tauschs – das zentrale Thema des *Ring*. Mit seiner antisemitischen Figurenzeichnung könne Wagner so vor sich selbst rechtfertigen, was ihm selbst an der Moderne lieb ist, die Juden jedoch für ihre zersetzende Wirkung verantwortlich machen.[358]

Für den Berliner Musikwissenschaftler Gerd Rienäcker schlagen sowohl apologetische Sichtweisen wie die von Borchmeyer und Scholz ins Leere, als auch die kritischen Thesen von Rose und Köhler. Gerade die vermeintlich jüdischen Figuren des *Ring* sind für ihn die „interessantesten, szenisch und musikalisch reichsten Figuren" und keineswegs minderwertige Kreaturen. Auch wenn Wagner diese Figuren als Juden habe portraitieren wollen, hätten sie sich doch von den Intentionen des Schöpfers gelöst, wobei jedoch „mit Nachdruck festzuhalten" sei, dass diese einer eindringenden Analyse bedürfen, denn der Antisemitismus sei wie der umgreifende Ausländerhass auch heute noch ein Problem.[359]

Auf die Plausibilität der Argumentation Adornos vertrauend stellt der Musiksoziologe Boris Voigt fest, dass Wagner im *Ring* nicht das „Wesen" der Juden komponieren würde, sondern vielmehr seine Idiosynkrasie gegen sie, seinen eigenen „Empfindungszwang, den er ihnen jedoch als ihre Eigenschaft zuschieben würde.[360]

Auf die Rolle der Rezeption bei der Frage nach Antisemitismus in Wagners Musikdramen verweist der Theaterwissenschaftler Frank Halbach, denn diese verorte in

---

[355] Žižek, *Wagner erlösen*, S. 107.
[356] Vgl. ebd., S. 108.
[357] Žižek, *Der zweite Tod der Oper*, S. 60.
[358] Vgl. ebd., S. 61.
[359] Rienäcker, *Deutschtum und Antisemitismus in Wagners Werken*, S. 85.
[360] Voigt, *Richard Wagners autoritäre Inszenierungen*, S. 105.

Wagners Tonsprache erst die *gewollte* Judenkarikatur. Obwohl bei Wagner lediglich von camouflierten Judenfiguren gesprochen werden könne, formiere sich ein Code zur Darstellung von Judentum auf der Bühne, der weit bis ins 20. Jahrhundert geläufig und dechiffrierbar sei.[361] Ein Teil dieses Effekts sei auch die Darstellung der hohen Tessitura bei dem „kastriert singendem" Mime.[362]

Die Ergebnisse der Arbeiten von Rose, Gutman, Weiner und anderer kritischer Wagnerforscher bündelt und ergänzt der Archivar Ulrich Drüner in seiner 2003 erschienenen Monographie *Schöpfer und Zerstörer. Richard Wagner als Künstler*[363], in der er darzustellen versucht, wie der Antisemitismus Wagner und dessen Werk beeinflusste. In dem Werk, das bis auf einige entdeckte Quellen zur Rezeptions- und Wirkungsgeschichte kaum neue Erkenntnisse für unsere Diskussion enthält, stellt er die These auf, dass Wagner den „Mythos als Schutzschild für verdeckte Aussagen" benutzt hat, um sein Publikum nicht durch offene Anspielungen „kopfscheu" zu machen.[364] Da er bezüglich der Figuren im *Ring* besonders die im Verlauf dieser Studie erläuterten Ergebnisse von Weiner aufnimmt, soll hier auf eine nähere Darstellung verzichtet werden.[365] Ein Gedanke Drüners ist allerdings evident:

> „Dem Verständnis all dieser Gestalten [Mime, Alberich, Beckmesser] widersetzt sich jedoch ein gravierendes Problem: Die deutsch-jüdische Kulturtradition ist seit 1945 so gründlich ausgerottet, dass die mit jenen Figuren verbundenen Bilder heute ohne Erklärung nicht mehr erkennbar sind."[366]

Den Abschluss dieser Darstellung soll die Betrachtung des israelisch-argentinischen Dirigenten Daniel Barenboim bilden, der sich des Themas der antisemitischen Karikaturen in Wagners Opern als einer der wenigen Künstler annimmt. Der einstige Wunderkindpianist, Protegé Otto Klemperers und Festspieldirigent äußerte in einem

---

[361] Vgl. Halbach, *Im Schatten Mimes*, S. 188.

[362] Vgl. Halbach, *Ahasvers Erlösung*, S. 293.

[363] Drüner, Ulrich: *Schöpfer und Zerstörer. Richard Wagner als Künstler*. Köln u.a. 2003. Für eine Konzentration von Drüners Thesen bezüglich der Wagnerschen Bühnenfiguren siehe Drüner, Ulrich: *Judenfiguren bei Richard Wagner*. In: Bayerdörfer, Hans-Peter u. Fischer, Jens Malte (Hgg.): *Judenrollen. Darstellungsformen im europäischen Theater von der Restauration bis zur Zwischenkriegszeit*. Tübingen 2008, S. 143-164.

[364] Vgl. ebd., S. 73.

[365] Ein Gedanke Weiners wird von Drüner allerdings deutlich weiter geführt – die Frage, warum Alberich eigentlich so hässlich sein muss. Die Darstellung des Hässlichen ist, so Drüner, dramaturgisch eigentlich nicht notwendig. Alberichs Erscheinung habe wohl metaphorische Qualität und sei in Wirklichkeit weit mehr als Karikatur. Das Nibelungenreich sei vielmehr ein Reich von Wagners Unbewusstem, in dem er von einer unbarmherzigen Obsession des Grauens verfolgt werde. Darauf verweise schon der Name, denn Alberich sei gleichbedeutend mit Albtraum. Er sei Wagners Angst vor dem Fremden, vor dem Unerklärlichen, vor dem, was er in „den" Juden hineinprojizierte. Vgl. ebd., S. 171ff.

[366] Ebd., S. 11.

Interview (1995) mit dem palästinensischen Literaturtheoretiker Edward W. Said auf die Frage nach Wagners Antisemitismus:

> „Der Klarheit halber muss man auch sagen, dass sich in den Opern selbst keine einzige jüdische Figur findet. Hier fällt nicht eine antisemitische Bemerkung. In den zehn großen Opern Wagners gibt es keine Figur, die einem Shylock [Figur aus Shakespeares *Der Kaufmann von Venedig*] irgendwie gleichkäme. Dass man Mime oder Beckmesser als antisemitische Figuren auffassen kann […] sagt weniger etwas über Wagner aus als über unsere Einbildungskraft und ihre Reflexe, sobald sie mit Wagners Werken konfrontiert sind. [Said unterbricht ihn mit dem Hinweis, dass es um mehr geht als Einbildungskraft, es sei ein von Wagner verarbeitetes Geheimnis seiner Kultur: Gedanken und Bilder der antisemitischen Denker] Ich bin mir ziemlich sicher, dass Wagner und seine Cosima hinter den Mauern des Hauses Wahnfried oftmals den Mime mit einem jüdischen Akzent und mit jüdischem Gebaren gespielt haben. […] Andererseits muss man zugeben, dass Wagner in dieser Hinsicht künstlerisch sehr offen, ich möchte sogar sagen, mutig war. Hätte er Opern wirklich als künstlerisches Ausdrucksmittel seines Antisemitismus verstanden, hätte er das Kind beim Namen genannt."[367]

Die Sicht Barenboims ist aus seiner Rolle heraus als Wagnerdirigent verständlich. Er kann gar keine andere Sichtweise haben, zumal er sich sehr engagiert und gegen viele Widerstände für eine Öffnung des israelischen Kulturlebens für die Werke Wagners einsetzt.[368]

Dabei verwendet er folgende Argumente: „Wir Juden sollten den Nazis nicht im Nachhinein einen Sieg gönnen, indem wir Wagner boykottieren, nur weil Hitler Wagner mochte"[369] und „Wagner hatte das Pech, von Hitler nicht nur benutzt, sondern auch missbraucht zu werden. Aber man darf Wagner nicht den Nazis überlassen."[370] Als Künstler muss er Wagners Antisemitismus ausblenden, da es für ihn sonst unmöglich wäre, Wagners Werke aufzuführen. Er ist Jude und Wagners Ästhetik wurde schon in Theodor Herzls Augen zur Inspiration für einen noch zu

---

[367] Barenboim, *Parallelen und Paradoxien*, S. 137f.
[368] Dennoch gibt es einige Studien, die sich auch kritisch mit Barenboims schillernder Karriere auseinandersetzen: U. a.: Lebrecht, Norman: *Der Mythos vom Maestro. Der Dirigent – Typologie eines Berufsstandes*, Zürich 1993. Umbach, Klaus: *Geldscheinsonate. Das Millionenspiel mit der Klassik*. Berlin 1993.
Zum israelischen Wagnerboykott und seiner gesellschaftlichen Funktion vgl. die Analyse der israelischen Historikerin Na'ama Sheffi: *Der Ring der Mythen. Die Wagner-Kontroverse in Israel*. Göttingen 2002. Außerdem zum Thema: Wagner, Gottfried: *Erlösung vom Erlöser? Israel und Richard Wagner*. Wien 2007.
[369] Barenboim, Daniel: *Wagner als Politikum*. Interview. In: *CICERO. Magazin für politische Kultur*. Juli 2005.
[370] Barenboim, Daniel: *Man darf Wagner nicht den Nazis überlassen*. Interview. In: *PROFIL* Nr. 17, 2006.

gründenden jüdischen Staat[371], wie eine Äußerung des jüdischen Philosophen George Steiner zeigt:

> „Als Hitler aus der Oper [*Rienzi*] kam, bekannte er, angesichts der Chöre hätte er die Vision gehabt, wie man Massen führe. Herzl hingegen hat in seinem Tagebuch geschrieben, an jenem Abend hätte er verstanden, dass Jerusalem und der Zionismus möglich seien. Dieselbe Musik, dieselben Akkorde, dieselben Kontrapunkte."[372]

---

[371] Zur Verbindung zwischen Wagner und dem Zionismus vgl. Gilman, Sander L.: *Are Jews musical? Historical notes on the question of Jewish musical modernism and nationalism.* In: *Modern Judaism* Heft 28,3, 2008, S. 239-256.

[372] Zit. n.: Geck, Martin: *Was Wunder wimmerst du hier.* In: OPERNWELT. *Das internationale Opernmagazin* Juli 2007, S. 40-44. Hier S. 44.

7. Fazit

Mit Richard Wagners *Das Judentum in der Musik* begann ein Prozess, der die Musikästhetik des ausgehenden 19. Jahrhunderts nachhaltig beeinflusste, denn „durch die zunehmende Infiltration des musikpublizistischen Diskurses mit völkischen und rassentheoretischen Argumenten wurde das Konzept von einer vermeintlich universalen (absoluten) Musik im deutschsprachigen Raum massiv unterhöhlt."[373] Seither beschäftigt die Fachwissenschaften nicht etwa die Frage, ob Wagner Antisemit war – denn dies lässt sich anhand seiner Schriften wie auch der Tagebucheinträge seiner Frau Cosima eindeutig belegen und wird daher auch von niemandem bestritten – sondern vielmehr die Frage, ob und wie sich der Antisemitismus Wagners in seinem künstlerischem Werk – den Musikdramen – niedergeschlagen hat.

Spätestens seit Adornos *Versuch über Wagner* ist die schwierigste aller Fragen, die sich mit der Judenphobie im Werk des Komponisten beschäftigen, kontrovers diskutiert worden. Die pseudowissenschaftliche Argumentation in Wagners Pamphlet *Das Judentum in der Musik*, Andeutungen von prominenten Denkern wie Gustav Mahler, Alfred Einstein oder eben Theodor W. Adorno und nicht zuletzt die Vergötterung Wagners durch Adolf Hitler gaben das Brennmaterial, an dem sich die Diskussion in den 70er Jahren – nach einer Zeit, in der man mit werkimmanenter Deutung eine Klärung zu verdrängen suchte – mit voller Wucht entzünden sollte. Die Veröffentlichungen zum 100-jährigen Bayreuth-Jubiläum, unter anderem Cosimas Tagebücher und eine kritische Dokumentation der Wirkungsgeschichte Wagners und Bayreuths von Hartmut Zelinsky, aber auch der Jahrhundert-*Ring* von Patrice Chereau gossen zusätzlich Öl ins Feuer.

Seitdem wird die Diskussion, die auch als Teil der Aufarbeitung des Nationalsozialismus und der psychosozialen Betrachtung der Person Adolf Hitlers zu sehen ist, äußerst emotional geführt, denn Wagners Antisemitismus ist nicht nur ein Problem der Wagner-Forschung, sondern auch ein „Kristallisationspunkt der Faschismusdebatte"[374]. Zwei extreme Positionen zeichnen sich ab: Kann der Antisemitismus Wagners als richtungsweisendes Element seiner künstlerischen und politischen Weltanschauung verstanden werden oder muss er schlichtweg als zwar aggressiver Wesenszug

---

[373] Jütte, *Die Grenzen der Musik*, S. 244.
[374] Gerhard, *Die Erfindung des Jüdischen in der Musik*, S. 33.

anerkannt werden, der jedoch als gewissermaßen tagespolitische Orientierung als nicht weiter relevant für Wagners künstlerisches Werk relativiert werden muss? Zwischen diesen beiden Extremen, als deren Vertreter für die wagnerkritische Seite in erster Linie Zelinsky und nicht allzu weit von ihm entfernt Rose, Scheit und Köhler und für die apologetische Seite Borchmeyer, Dahlhaus, Vaget und Scholz gelten können, gibt es auch Autoren wie Brinkmann, Fischer und Rienäcker und in Ansätzen auch Bermbach, die Wagners Antisemitismus zwar als systematisch entwickelten Komplex erkennen, aber zurückhaltend sind mit Äußerungen, ob und auf welche Weise er sich in Wagners künstlerischem Werk niederschlägt. Als Sonderfall muss Marc Weiner angesehen werden. Von der Intention her eher bei Rose und Zelinsky einzuordnen, stellt er sich erstmalig der Aufgabe, antisemitische Tendenzen direkt in Wagners Musikdramen nachzuweisen. Es gelang ihm, antisemitische Bilder des 19. Jahrhunderts zu rekonstruieren, die Wagner im *Ring,* aber auch in anderen in der vorliegenden Untersuchung nicht zur Sprache gekommenen Opern zur Zeichnung seiner Figuren verwendet hat.

Die Arbeit von Weiner, die trotz methodischer und inhaltlicher Mängel als Fundamentalstudie bezeichnet werden kann, aber auch die Publikationen von Scheit, Rose, Kreis, Millington und des Wagner-Urenkels Gottfried, der eine böse Abrechnung mit seiner Familie und ihrer Geschichte veröffentlichte, veranlasste die „offizielle" – zumindest von Bayreuth autorisierte – Wagnerforschung, mit zwei Tagungen zu reagieren. Sowohl auf der Tagung in Bayreuth 1998 als auch auf Schloss Elmau 1999 beschäftigte man sich mit Wagners Wirkung auf den Nationalsozialismus. Durch eine zeitgleich erschienene, von Fischer herausgegebene Dokumentation über Wagners *Das Judentum in der Musik* wurden die Tagungsbeiträge und -diskussionen, die zumindest auf Schloss Elmau ausgewogen waren, unterstützt. Etliche Referenten schnitten auch das Thema der antijüdischen Charakterzeichnung im *Ring des Nibelungen* an, wie im Verlauf der vorliegenden Untersuchung gezeigt wurde.

Nach diesen kommunikativen Höhepunkten der Diskussion ebbte das Interesse am Antisemitismus im Werk Wagners und dessen Rezeption ab und seitdem sind sowohl in Deutschland als auch im englischen Sprachraum keine grundlegend neuen Erkenntnisse hinzugekommen. Mit den Arbeiten von Drüner und der Neuveröffentlichung von Scholz' Dissertation wurden sogar alte Gräben wieder aufgerissen und es ist schwer zu beurteilen, ob die Diskussion am Ende ist oder ob ein versachlichter Neubeginn, was wünschenswert wäre, in nächster Zeit möglich sein wird.

Die Teilnehmer an der Diskussion über antisemitische Inhalte in Wagners musikdramatischem Werk kommen fast durchgängig aus Deutschland, Großbritannien, Israel und den USA. Bis auf wenige Ausnahmen kann nicht bestätigt werden, dass die Identität der Diskussionsteilnehmer für die Wagner-Debatte eine Rolle spielt. Einzig Weiner gibt zu, dass das eigene Jüdischsein ihn bei der Betrachtung der Wagnerschen Musik und ihrer Rezeptionsgeschichte beeinflusse.[375] Es kann natürlich sein, dass Vertreter der einen oder anderen Seite auch aus einer Position heraus argumentieren, die von ihrer eigenen Identität bestimmt ist, doch mitnichten stehen sich hier Juden und Nichtjuden gegenüber. So gibt es sowohl jüdische als auch nichtjüdische Diskussionsteilnehmer auf beiden Seiten. Allerdings muss man zugeben, dass für die apologetische Seite Autoritäten wie Daniel Barenboim gerade aufgrund ihres Jüdischseins als besonders glaubwürdig gelten, währenddessen ein „Insider" wie Gottfried Wagner für die kritische Seite besonders willkommen ist.

Welche Triebkräfte die einzelnen Diskutanten bewegten, lässt sich schwer ausmachen. Sicherlich ist es auf der einen Seite, vor allem in den Debatten der 50er und 70er Jahre, die Aufarbeitung sowie auch Bereinigung der eigenen Vergangenheit bei den Vertretern der apologetischen Seite, um eine ausdrückliche Distanz und sichere Perspektive für die eigene Laufbahn zu erreichen. Auf der anderen Seite stehen die Wagnerkritiker, deren Anliegen davon gekennzeichnet ist, dass sie Antworten auf ihre Frage finden wollen, wie Auschwitz hatte geschehen können. Dass die Emotionalität im Laufe der Zeit nicht abgenommen hat, mag auch der Tatsache geschuldet sein, dass man sich gerade als Deutscher für die Gräueltaten der Nationalsozialisten verantwortlich fühlt und keinesfalls in die Nähe von Ausländerfeindlichkeit oder gar Antisemitismus gebracht werden will. Ein Bemerkung von Weiner untermauert diese Problematik: Er berichtet von einer Begebenheit, bei der ihn ein angesehener deutscher Wagnerforscher im Verlauf einer Podiumsdiskussion mit der Bemerkung irritierte, dass er – Weiner – sicher annehmen würde, er selbst – der Wagnerforscher – wäre aufgrund seiner defensiven Sichtweise ein Antisemit, so wie Wagner es gewesen sei.[376] Dies lässt in der Tat tief blicken. Kann es sein, dass sich manche Wagner-

---

[375] Weiner, *Antisemitische Fantasien*, S. 17.
[376] Weiner, *Über Wagner sprechen*, S. 354.

Liebhaber persönlich angegriffen fühlen, wenn die Sprache auf Wagners Antisemitismus kommt, weil sie meinen, sie selbst würden dadurch mit Wagners antisemitischem Denken gleichgesetzt. Dies spiegelt sich auch in der geringen Konsensfähigkeit in der hier untersuchten Diskussion wider. Ein wirklicher Dialog findet nicht statt und ist wohl auch in nächster Zeit nicht zu erwarten.

Ein Grund für die emotionalen Eigenheiten dieser Diskussion mag auch in dem ambivalenten Verhältnis zu Wagner zu sehen sein, das viele Forscher, Musiker und Musikhörer haben, die sich mit Wagner beschäftigen und das Leonard Bernstein in einem berühmten Bonmot auf den Punkt brachte: „I hate him – but I hate him on my knees" (Ich hasse ihn, aber ich hasse ihn, indem ich vor ihm niederknie). Wagners Person zu hassen und sich doch von dieser Musik außerordentlich angesprochen zu fühlen: Diese Ambivalenz ist auch bei vielen in dieser Untersuchung angesprochenen Autoren zu beobachten. Selbst bei Arbeiten von Rose, Zelinsky und ihnen nahestehenden Autoren spürt man eine tiefe Faszination für die Musik Wagners, die sie sich aber nur bedingt eingestehen wollen, was sie gleichsam als taub seiner Musik gegenüber erscheinen lässt. Die Gegenseite wiederum will das Größenwahnsinnige, Manipulierende und teilweise Menschenverachtende im Wesen der Person Wagners nicht sehen und reagiert deswegen vehement ablehnend auf Kritik, die scheinbar auch sie selbst treffen könnte. Wenn der Mensch Musik liebt, wird sie ein Teil seiner selbst und obwohl sie sich in dem Moment schon vom Komponisten und seinen Intentionen gelöst hat, unterliegt man allzu leicht der Verlockung, die geliebte Musik mit ihrem Schöpfer gleichzusetzen. Das führt in unserem Fall zu einem fast religiösen Wagnerkult: Man liebt die Musik, verehrt aber den Schöpfer – oder man hasst den Schöpfer und überträgt den Hass auf die Musik.

Die Institution Bayreuth, ihre Verantwortung für das Erstarken des Nationalsozialismus und die distanz- und kritiklose kultische Verehrung, die vor allem in Form der Bayreuther Festspiele von Wagners Nachkommen bis heute fortgeführt wird,[377] tragen auch ihren Teil für die Widersprüche im „Fall Wagner" bei. So pilgert die heutige Politprominenz mit derselben Selbstverständlichkeit auf den Grünen Hügel,

---

[377] Nachdem die beiden Töchter von Wolfgang Wagner Katharina Wagner und ihre Halbschwester Eva Wagner-Pasquier (beide sind Schwestern des erwähnten äußerst wagnerkritischen Gottfried Wagner) im September 2008 die Festspielleitung in Bayreuth übernommen haben, ist allerdings zu erwarten, dass die Festspiele eine neue Dynamik erfahren. Für mehr Transparenz, größere Flexibilität und eine Abkehr vom Patriarchenhaften spricht sich vor allem die noch junge Katharina Wagner aus, die auch der Aufarbeitung der Vergangenheit Bayreuths sehr aufgeschlossen gegenüber steht.

wie es einst Hitler und seine Anhänger taten und feiert mit dem Bayreuther Meister eigentlich nur sich selbst. Als wäre dieser Ort nicht behaftet mit dem Makel der braunen Vergangenheit, veranstalten Wagners Nachkommen diese Spiele mit derselben Intensität für die Elite der heutigen Bundesrepublik wie es einst Winifred Wagner schon für Hitler und die Obersten der Reichsführung tat. Aber Wagner, der nur zwölf Jahre in Bayreuth lebte, wird seit knapp 140 Jahren mit dieser Stadt und ihren Festspielen gleichgesetzt und weder die Verteidiger noch die Kritiker Wagners haben den Willen, diese beiden voneinander zu trennen.

Auffallend ist die breite fachwissenschaftliche Basis, die sich mit Wagner und seinem Werk auseinandersetzt. Germanisten, Philosophen, Historiker, Soziologen, Juristen und Politikwissenschaftler versuchen ebenso wie Musikwissenschaftler und Musiker den Fragen um das Themenfeld des Wagnerschen Antisemitismus auf den Grund zu gehen. Doch eine interdisziplinäre Zusammenarbeit, wie man sie auf anderen Gebieten der Wagnerforschung beobachten kann, ist auf dem Feld der hier untersuchten Diskussion kaum auszumachen. Erschwert wird dies dadurch, dass Meinungsverschiedenheiten hinter methodischen Differenzen verborgen sind, denn beim jeweiligen „Gegner" werden weniger die Ergebnisse kritisch gesehen, als vielmehr die Methoden, mit denen diese Ergebnisse erreicht wurden. Das verschleiert dann auch die inhaltlichen Gemeinsamkeiten in der Diskussion, die durchaus auszumachen sind; sie aufzuspüren und zu benennen wäre für die Weiterführung der Diskussion sicher lohnenswert.

So ist es wohl Konsens, dass Wagner auch kulturelle (anti-)jüdische Bilder aufgreift, um seine Figuren Mime, Alberich, Hagen im *Ring* auszustatten. Der Punkt, an dem die Diskussion durch zu viel Emotionalität immer wieder unsachlich wird, ist die angebliche Absicht Wagners, mit diesen Bildern antisemitische Assoziationen des Publikums schüren zu wollen. Es wäre sicher hilfreich, diesen Aspekt zunächst auszublenden und Grundlagenforschung zu betreiben. Das bedeutet, dass zunächst die kulturellen Bilder weiter entschlüsselt und rekonstruiert werden müssten. Marc Weiner hat dabei einen guten Weg aufgezeigt. So unglaublich es klingen mag: Die Wagnerforschung steht in vielen Themenbereichen erst am Anfang. Die Diskussion um antisemitische Zerrbilder im *Ring des Nibelungen* eröffnet einen von ihnen.

Ein Anliegen der vorliegenden Untersuchung galt auch der Sichtung der Argumente in der Diskussion über antisemitische Zerrbilder *Im Ring des Nibelungen* seitens der

Musikwissenschaft. Obgleich von vielen Seiten die Forderung nach einer musikwissenschaftlichen Bearbeitung des Themas an die Wagnerforschung herangetragen worden ist, ist der musikwissenschaftliche Anteil an dieser Diskussion eher gering. Vielleicht liegt es auch daran, dass sich die deutsche Musikwissenschaft, wie Reinhold Brinkmann impliziert,[378] vorwiegend auf die Analyse kompositorischer Details spezialisiert hat und dabei den Blick weniger auf die große Perspektive und die Einordnung in kulturgeschichtliche Kontexte hat. Und so scheint es, als würde sich die Musikwissenschaft scheuen, sich dieses so wichtigen Themas für die Geschichte anzunehmen oder sich, wie Danusers Beitrag zeigt, in verklausulierter Sprache mit Scheinargumenten an der Diskussion beteiligen, um das eigene Forschungsfeld nach außen abzuschirmen.[379]

Selbst wenn die Erkenntnisse von Weiner und anderen der Wahrheit entsprechen sollten, bleibt doch die Frage, ob diese zum Verständnis der Musikdramen Wagners beitragen. Gehört die Kenntnis der Stereotypen des 19. Jahrhunderts wirklich dazu, den Kontakt zum Stück herzustellen oder hindert uns die Brille der Geschichte mitunter eher, uns selbst einem künstlerischen Werk zu nähern und es in die eigene Erfahrung, in die eigene Identität einzuflechten? Es geht ja nicht darum, dass wir das Werk Wagners und die Ideen, die dahinter stehen, wie ein Heiligtum verehren, sondern es nutzbringend in die heutige Zeit einzubetten und immer wieder neu für uns zu entdecken. Selbst wenn Wagner, wie Rose und andere meinen, antisemitische Konnotationen zwar versteckt, aber mit vollem Bewusstsein in seine Opern eingebaut hat, wäre das eigentlich unerheblich und dafür gibt es mehrere Gründe. Erstens sind antisemitische Stereotypen, die sich für Karikaturen nutzen lassen, heute kaum noch im kollektiven Bewusstsein existent, obwohl der Antisemitismus auch heute noch ein Problem darstellt[380]. Zweitens sind die Opern Wagners zum Kulturgut geworden, das heißt, sie gehören weder dem toten Komponisten, noch seinen Erben, was den Opernbetrieb in Bayreuth einschließt, sondern der Allgemeinheit.

---

[378] Brinkmann, *Unsere Instrumente sind viel zu grob.*

[379] Ihre zunehmende Spezialisierung hat die Musikwissenschaft innerhalb der Geisteswissenschaften isoliert und ihre Erkenntnisse können kaum von anderen fachwissenschaftlichen Disziplinen genutzt werden – obwohl die Musikwissenschaft gerne auf Erkenntnisse anderer Disziplinen wie die der Geschichtswissenschaft oder die der Germanistik zurückgreift. Dabei bietet Wagner für die Musikwissenschaft gerade in dem von uns betrachteten Fall eine gute Möglichkeit, ihr Nischendasein zu hinterfragen und sich offensiv und ergebnisoffen sowohl den anderen Disziplinen als auch den Interpreten zu stellen.

[380] Vgl. Gessler, Philipp: *Der neue Antisemitismus. Hinter den Kulissen der Normalität.* Freiburg 2004, S. 10-21.

Alle an der Diskussion teilnehmenden Forscher sind sich einig, dass in Wagners Opern kein Antisemitismus offen zutage tritt. Wenn ihnen antisemitische Tendenzen innewohnten, könnten diese allein auf einer Subtextebene ausfindig gemacht werden. Nun ist ein Subtext aber nicht Bestandteil einer Partitur. Er ist auch nicht, wie Danuser behauptet[381], aus dem historischen Kontext zu erschließen. Ein eventueller Subtext entsteht allein im Kopf des Rezipienten, der das Gehörte und Gesehene – von Interpreten gefiltert und vorgetragen – mit seinen Erfahrungen verknüpft und auf diese Weise zu einer ganz anderen Lesart als der vordergründigen kommen kann. Die ursprünglichen Intentionen des Komponisten und des Librettisten spielen dabei dann keine Rolle mehr. Lediglich die ausführenden Interpreten könnten die Partiturvorlage in eine gewisse Subtextrichtung lenken, da sie mit dem – gleichzeitig lebenden – Rezipienten einen ähnlichen kulturellen Erfahrungsschatz haben.

Unerklärlicherweise kommt in keinem einzigen der hier dargestellten Diskussionsbeiträge die Rolle der Interpreten – also Regisseure, Dirigenten, Sänger, aber auch Kostüm- und Maskenbildner etc. – sowie die individuelle Disposition des Zuhörers zur Sprache. Dass die Figuren, wenn sie denn jüdisch sein sollen, auch so auf der Bühne dargestellt sein müssen, wird von allen Diskutanten vernachlässigt. Dabei ist die vorliegende Partitur noch keine Musik und der wichtigste Teil der Musikübermittlung, der vom Interpreten zum Zuhörer, wird ausgeblendet. Dieser Umstand macht dann auch den grundlegenden Fehler in der Fragestellung der Diskussion deutlich, denn eigentlich geht es nicht darum, ob die Werke antisemitische Tendenzen enthalten, sondern ob sie in der Lage sind, diese zu transportieren und den Zuhörer zu manipulieren, indem sie unbewusste antisemitische und fremdenfeindliche Stereotypen assoziieren und durch die Musik verstärken.

Auch stellen sich die Diskutanten nicht die Frage, was ihre Ergebnisse für das heutige Regietheater bedeuten würden. So wie sich die Zeiten ändern, ändern sich die Meinungen über die Stücke. Es gibt keine allgemeingültige Lesart von Operninhalten. Aber alle Diskutanten verteidigen ihre Lesart als allgemeingültig trotz der Ankündigung einiger, nur die Plausibilität verschiedener Lesarten überprüfen zu wollen.

---

[381] Danuser, *Universalität oder Partikularität*, S. 79.

Obwohl die Diskussion um Judenkarikaturen in Wagners Opern bisher kaum Erkenntnisse gebracht hat[382] und dies wohl auch in nächster Zeit so bleiben wird[383], ist
es absolut notwendig, dass die Debatte weitergeführt wird, auch wenn dies zunächst
widersprüchlich erscheinen mag. Die Verbindung von Musik und Politik, die auch in
der Diskussion erstaunlich wenig zur Sprache kommt, und welche Rolle diese
Verbindung für unser Musikmachen und -hören spielt, ist nach wie vor ungeklärt.
Mithilfe der Diskussion über antisemitische Zerrbilder in Wagners Musikdramen
könnten wir viel über das Funktionieren von Musik im Öffentlichen Raum erfahren
und über die Wirkung, die Musik auf uns haben kann. Gerade von Wagners Musik
wird oft behauptet, sie wirke wie eine Droge. Diese Behauptung muss dann aber auch
das ungeheuer destruktive Potential bedenken, das Drogen und Wagners Musik
innewohnt. Es ist nicht zuletzt das Beunruhigende, das Aufwühlende und mitunter
auch Zerstörerische, das an Wagners Musik so fasziniert.

Carl Dahlhaus hat einmal gesagt, dass Wagner „ein Genie der Knüpfung, aber nicht
der Lösung des ‚Knotens‘"[384] war. Wagners Figuren und die Bilder, mit denen sie
gezeichnet sind, sind mehrdeutig, vielfältig und oft auch undurchsichtig und verwor-
ren. Sie entstammen den verschiedensten Kontexten, von denen der antisemitische
nur einer ist, wenn auch ein gewichtiger. Um das Böse zu zeichnen, musste er auf
überkommene Bilder des Bösen zurückgreifen, von denen die meisten eben auch für
die Stereotypisierung von Juden benutzt wurden. Ob Wagner dies bewusst oder
unbewusst tat und welche Intentionen er dabei hatte, konnte die Diskussion bisher
nicht klären und es ist eigentlich auch unerheblich. Wagners Musikdramen sind
kulturelles Allgemeingut und wir sehen die Figuren heute mit unseren Augen und
versuchen sie mit unseren eigenen Erfahrungen zu verstehen und zu deuten. Wir
sollten nicht zulassen, dass uns der Hass auf Wagners fatale Wirkungsgeschichte, die
von seinen Erben vorangetrieben wurde, für die Qualität und die Vielschichtigkeit
seiner Musik taub macht. Aber die Liebe zu dieser Musik und den Geschichten, die
sie erzählt, sollte uns auch nicht blind machen für Wagners Wirkung und das Unan-

---

[382] Diese Einschätzung teilt auch Brinkmann: „Grundsätzlich wie philologisch-analytisch scheint sie
[die Diskussion um antisemitische Zerrbilder in Wagners Opern] mir jedoch trotz umfänglicher
Untersuchungen über ihren einstigen Ausgangspunkt, nämlich die Argumente Adornos im 1. Kapitel
des *Versuchs über Wagner*, nicht herausgekommen zu sein." Brinkmann, *Lohengrin, Sachs und Mime*,
S. 217.
[383] So urteilt wohl auch Bermbach, der ein Kapitel zu Wagners Antisemitismus *Anmerkungen zu einer
nicht abschließbaren Diskussion* untertitelt. Bermbach, *Blühendes Leid*, S. 313ff.
[384] Dahlhaus, Deathridge, *Wagner*, S. 83.

genehme, das mit seiner Person verbunden ist. Wir sollten auch bedenken, dass unsere Liebe der Musik Wagners gilt und weniger seiner Person. Der unselige Kult, der um Wagners Person betrieben wird, lässt uns dies manchmal vergessen. Es bleibt für das Musiktheater zu hoffen, „dass die Inszenierungen Wagnerscher Musikdramen sich von einer lediglich auf Unterhaltung zielenden Ästhetik abkehren. Musiktheater soll […] Fragwürdiges nicht übertünchen, sondern deutlich machen. Eine historisierende oder eine naiv-romantische Aufführungspraxis stünde dem entgegen."[385]

---

[385] Metzger, *Eine geheime Botschaft in Die ‚Meistersinger von Nürnberg' und ‚Parsifal', S.* 39.

Literaturverzeichnis

Quellen

WAGNER, Cosima: *Die Tagebücher*, 4 Bde., hg. und komm. von Martin GREGOR-DELLIN und Dietrich MACK, Zürich ²1982.

WAGNER, Richard: *Gesammelte Schriften und Dichtungen*, 10 Bde., Leipzig 1871-1883, 1883. (*GSD*)

WAGNER, Richard: *Sämtliche Schriften und Dichtungen in 10 Bänden*, hg. von Wolfgang GOLTHER, Leipzig u.a. o.J. (*SSD*)

WAGNER, Richard: *Sämtliche Briefe*. 8 Bde., hg. von Gertrud STROBEL und Werner WOLF, Leipzig 1967-1991.

WAGNER, Richard: *Das Judentum in der Musik*. In: FISCHER, Jens Malte: *Richard Wagners ‚Das Judentum in der Musik‘. Eine kritische Dokumentation als Beitrag zur Geschichte des Antisemitismus*. Frankfurt a. M. u. Leipzig 2000, S. 139-196.

WAGNER, Richard: *Der Ring des Nibelungen. Text mit Notentafeln der Leitmotive*. Herausgegeben von Julius BURGHOLD. Mainz 1913.

Darstellungen

ADORNO, Theodor W.: *Versuch über Wagner* (1952). In: DERS.: *Die musikalischen Monographien*. Frankfurt a. M. 1986, S. 7-148.

ALTHAUS, Hans Peter: *Mauscheln: Ein Wort als Waffe*. Berlin u. New York 2002.

AUERBACH, Berthold: *Richard Wagner und die Selbstachtung der Juden (1881)*. In: FISCHER, Jens Malte: *Richard Wagners ‚Das Judentum in der Musik‘. Eine kritische Dokumentation als Beitrag zur Geschichte des Antisemitismus*. Frankfurt a. M. u. Leipzig 2000, S. 353-356.

BARENBOIM, Daniel u. SAID, Edward W.: *Parallelen und Paradoxien. Über Musik und Gesellschaft* (Original: *Parallels and Paradoxes*, New York 2002). Berlin 2004.

BAYERDÖRFER, Hans-Peter u. FISCHER, Jens Malte (Hgg.): *Judenrollen. Darstellungsformen im europäischen Theater von der Restauration bis zur Zwischenkriegszeit*. Tübingen 2008.

BEIN, Alexander: *„Der jüdische Parasit“. Bemerkungen zur Semantik der Judenfrage*. In: Vierteljahrshefte für Zeitgeschichte, 13. Jg., Heft 2, 1965, S. 121-149.

BERMBACH, Udo: *Über den Zwang, Richard Wagner immer wieder zu nazifizieren*. In: *Musik und Ästhetik* 3 (1997), S. 82-90.

BERMBACH, Udo: *Das ästhetische Motiv in Wagners Antisemitismus. ‚Das Judentum in der Musik‘ im Kontext der ‚Zürcher Kunstschriften‘*. In: BORCHMEYER, Dieter u. MAAYANI, Ami u. VILL, Susanne [Hgg.]: *Richard Wagner und die Juden*. Stuttgart, Weimar 2000, S. 55-78.

BERMBACH, Udo: *„Reine Kunst, persönliche Lebensmacht, nationale Kulturmacht“. Wagner, seine Epigonen und die Instrumentalisierung einer großen Idee*. In: DANUSER, Hermann u. MÜNKLER, Herfried [Hgg.]: *Zukunftsbilder. Richard Wagners Revolution und ihre Folgen in Kunst und Politik*. Schliengen 2002, S. 61-73.

BERMBACH, Udo: *Blühendes Leid. Politik und Gesellschaft in Richard Wagners Musikdramen.* Stuttgart, Weimar 2003.

BERMBACH, Udo: *Der Wahn des Gesamtkunstwerks. Richard Wagners politisch-ästhetische Utopie.* 2. überarbeitete und erweiterte Aufl., Stuttgart, Weimar 2004.

BORCHMEYER, Dieter: *Richard Wagner und der Antisemitismus.* In: MÜLLER, Ulrich u. WAPNEWSKI, Peter [Hgg.]: *Richard-Wagner-Handbuch.* Stuttgart 1986, S. 137-160.

BORCHMEYER, Dieter: *Wagner-Literatur – Eine deutsche Misere. Neue Ansichten zum ,Fall Wagner'.* In: Internationales Archiv für Sozialgeschichte der deutschen Literatur, 3. Sonderheft, Forschungsreferate, 2. Folge, Tübingen 1993, S. 1-62.

BORCHMEYER, Dieter u. MAAYANI, Ami u. VILL, Susanne [Hgg.]: *Richard Wagner und die Juden.* Stuttgart, Weimar 2000.

BORCHMEYER, Dieter*: Renaissance und Instrumentalisierung des Mythos. Richard Wagner und die Folgen.* In: FRIEDLÄNDER, Saul u. RÜSEN, Jörn [Hgg.]: *Richard Wagner im Dritten Reich. Ein Schloss Elmau-Symposion.* München 2000, S. 66-91.

BORCHMEYER, Dieter: *Richard Wagner. Ahasvers Wandlungen.* Frankfurt a. M., Leipzig 2002.

BREUER, Stefan: *Richard Wagners Antisemitismus. Eine Sammelbesprechung.* In: Musik und Ästhetik. Heft 19, Juli 2001, S. 88-96.

BRINKMANN, Reinhold: *Wagners Aktualität für den Nationalsozialismus. Fragmente einer Bestandsaufnahme.* In: FRIEDLÄNDER, Saul u. RÜSEN, Jörn [Hgg.]: *Richard Wagner im Dritten Reich. Ein Schloss Elmau-Symposion.* München 2000, S. 109-141.

BRINKMANN, Reinhold: *Lohengrin, Sachs und Mime oder Nationales Pathos und die Pervertierung der Kunst bei Richard Wagner.* In: DANUSER, Hermann u. MÜNKLER, Herfried [Hgg]: *Deutsche Meister – böse Geister? Nationale Selbstfindung in der Musik.* Schliengen 2001; S. 206-221.

BRINKMANN, Reinhold [Wolfgang Schreiber im Interview mit Reinhold Brinkmann]: *Unsere Instrumente sind viel zu grob. Die kritische Musikwissenschaft: Reinhold Brinkmann ist Preisträger des Siemens-Musikpreises.* In: SÜDDEUTSCHE ZEITUNG vom 31. 5. 2001.

BUSCH-FRANK, Sabine: *Worte oder Werke? Hans Pfitzners Judenbild in seinen Opern* Die Rose vom Liebesgarten *und* Das Herz. In: BAYERDÖRFER, Hans-Peter u. FISCHER, Jens Malte (Hgg.): *Judenrollen. Darstellungsformen im europäischen Theater von der Restauration bis zur Zwischenkriegszeit.* Tübingen 2008, S. 165-175.

CELESTINI, Federico: *Der Trivialitätsvorwurf an Gustav Mahler. Eine diskursanalytische Betrachtung (1889-1911).* In: Archiv für Musikwissenschaft, 62. Jg., Heft 3, 2005, S. 165-176.

CHAMBERLAIN, Houston Stewart: *Richard Wagner.* München 1896.

DAHLHAUS, Carl: *Chronologie oder Systematik? Probleme einer Edition von Wagners Schriften.* In: *Wagnerliteratur – Wagnerforschung. Bericht über das Wagner-Symposion München 1983.* München 1985, S. 127-130.

DAHLHAUS, Carl: *Erlösung dem Erlöser. Warum Richard Wagners ,Parsifal' nicht Mittel zum Zweck der Ideologie ist.* In: CSAMPAI, Attila u. HOLLAND, Dietmar [Hgg.]: *Parsifal. Texte, Materialien, Kommentare.* Reinbek b. Hamburg 1984, S. 262-269.

DAHM, Annkatrin: *Der Topos der Juden. Studien zur Geschichte des Antisemitismus im deutschsprachigen Musikschrifttum.* Göttingen 2007.

DANUSER, Hermann: *Universalität oder Partikularität? Zur Frage antisemitischer Charakterzeichnung in Wagners Werk.* In: BORCHMEYER, Dieter u. MAAYANI, Ami u. VILL, Susanne [Hgg.]: *Richard Wagner und die Juden.* Stuttgart, Weimar 2000, S. 79-102.

DRÜNER, Ulrich: *Schöpfer und Zerstörer. Richard Wagner als Künstler.* Köln u.a. 2003.

DRÜNER, Ulrich: *Judenfiguren bei Richard Wagner.* In: BAYERDÖRFER, Hans-Peter u. FISCHER, Jens Malte (Hgg.): *Judenrollen. Darstellungsformen im europäischen Theater von der Restauration bis zur Zwischenkriegszeit.* Tübingen 2008, S. 143-164.

DUNCKER, Matthias: *Richard-Wagner-Rezeption in der Sowjetischen Besatzungszone (SBZ) und der Deutschen Demokratischen Republik (DDR).* (= Studien zur Zeitgeschichte, Bd. 74). Hamburg 2009.

EGER, Manfred: *Wagner und die Juden. Fakten und Hintergründe. Eine Dokumentation zur Ausstellung im Richard-Wagner-Museum Bayreuth.* Bayreuth 1985.

EINSTEIN, Alfred: *Der Jude in der Musik.* In: DER MORGEN 6, 1927, S. 590-602.

FEST, Joachim: *Hitler. Eine Biographie.* Neuausgabe, Berlin 1997.

FEST, Joachim: *Richard Wagner – Das Werk neben dem Werk. Zur ausstehenden Geschichte eines Großideologen.* In: FRIEDLÄNDER, Saul u. RÜSEN, Jörn [Hgg.]: *Richard Wagner im Dritten Reich. Ein Schloss Elmau-Symposion.* München 2000, S. 24-39.

FISCHER, Jens Malte: *Richard Wagners ,Das Judentum in der Musik'. Eine kritische Dokumentation als Beitrag zur Geschichte des Antisemitismus.* Frankfurt a. M. u. Leipzig 2000.

FRIEDLÄNDER, Saul: *Bayreuth und der Erlösungsantisemitismus.* In: BORCHMEYER, Dieter u. MAAYANI, Ami u. VILL, Susanne [Hgg.]: *Richard Wagner und die Juden.* Stuttgart, Weimar 2000, S. 8-19.

FRIEDLÄNDER, Saul u. RÜSEN, Jörn [Hgg.]: *Richard Wagner im Dritten Reich. Ein Schloss Elmau-Symposion.* München 2000.

FRIEDRICH, Sven: *Richard Wagner - Deutung und Wirkung.* Würzburg 2004.

GAY, Peter: *Wagner aus psychoanalytischer Sicht.* In: BORCHMEYER, Dieter u. MAAYANI, Ami u. VILL, Susanne [Hgg.]: *Richard Wagner und die Juden.* Stuttgart, Weimar 2000, S. 251-261.

GERHARD, Anselm: *Richard Wagner und die Erfindung des „Jüdischen' in der Musik.* In: JOHN, Eckhard u. ZIMMERMANN, Heidy [Hgg.]: *Jüdische Musik? Fremdbilder – Eigenbilder.* Köln u.a. 2004, S. 33-52.

GILMAN, Sander L.: *Die schlauen Juden. Über ein dummes Vorurteil.* Hildesheim 1998.

GILMAN, Sander L.: *Are Jews musical? Historical notes on the question of Jewish musical modernism and nationalism.* In: *Modern Judaism* Heft 28,3, 2008, S. 239-256.

GLASENAPP, Carl Friedrich: *Das Leben Richard Wagners.* 6 Bde., Leipzig 1911.

GRADENWITZ, Peter: *Das Judentum: Richard und Cosima Wagners Trauma.* In: CROLL, Gerhard u. a. [Hgg.]: *Richard Wagner 1883 – 1983. Die Rezeption im 19. und 20. Jahrhundert.* Stuttgart 1984, S. 77-91.

GUTMAN, Robert W.: *Richard Wagner. Der Mensch, sein Werk, seine Zeit.* (Original: *Richard Wagner. The Man, His Mind, and His Music.* New York 1968.) München 1970.

HALBACH, Frank: *Im Schatten Mimes? Jüdische Opernkarikaturen in Richard Strauss' Salome und Ferriccio Busonis Die Brautwahl.* In: BAYERDÖRFER, Hans-Peter u. FISCHER, Jens Malte (Hgg.): *Judenrollen. Darstellungsformen im europäischen Theater von der Restauration bis zur Zwischenkriegszeit.* Tübingen 2008, S. 179-190.

HALBACH, Frank: *Ahasvers Erlösung. Der Mythos vom Ewigen Juden im Opernlibretto des 19. Jahrhunderts.* München 2009.

HAMANN, Brigitte: *Winifred Wagner oder Hitlers Bayreuth.* 5. Aufl., München 2008.

HAUBL, Rolf: *Neidisch sind immer die anderen. Über die Unfähigkeit, zufrieden zu sein.* München 2003.

HEIN, Annette: *„Es ist viel 'Hitler' in Wagner ".* *Rassismus und antisemitische Deutsch-tumsideologie in den 'Bayreuther Blättern' (1878-1938).* Tübingen 1996.

HEIN, Stefanie: *Richard Wagners Kunstprogramm im nationalkulturellen Kontext. Ein Beitrag zur Kulturgeschichte des 19. Jahrhunderts.* Würzburg 2006.

HINRICHSEN, Hans-Joachim: *Musikbankiers. Über Richard Wagners Vorstellungen vom „Judentum in der Musik'.* In: Musik und Ästhetik. Heft 19, Juli 2001, S. 72-87.

HOROWITZ, Joseph: *Wagner und der amerikanische Jude. Eine persönliche Betrachtung.* In: BORCHMEYER, Dieter u. MAAYANI, Ami u. VILL, Susanne [Hgg.]: *Richard Wagner und die Juden.* Stuttgart, Weimar 2000, S. 238-250.

JAHRMÄRKER, Manuela: *Wagners Aufsatz „Das Judenthum in der Musik" im Spiegel zeitgenössischer Reaktionen.* In: OBERZAUCHER-SCHÜLLER, Gunhild u. LINHARDT, Marion u. STEIERT, Thomas [Hgg.]: *Meyerbeer – Wagner. Eine Begegnung.* Berlin u. Köln u. Weimar 1998, S. 120-141.

JÜTTE, Daniel: *„Mendele Lohengrin" und der koschere Wagner. Unorthodoxes zur jüdischen Wagner-Rezeption.* In: GELBER, Mark H. u. HESSING, Jakob u. JÜTTE, Robert [Hgg.]: *Integration und Ausgrenzung. Studien zur deutsch-jüdischen Literatur- und Kulturgeschichte von der Frühen Neuzeit bis zur Gegenwart.* Tübingen 2009, S. 115-129.

JÜTTE, Daniel: *Die Grenzen der Musik.* In: BORCHARD, Beatrix [Hg.]: *Musikwelten – Lebenswelten. Jüdische Identitätssuche in der deutschen Musikkultur.* Köln 2009, S. 227-249.

KATZ, Jakob: *Richard Wagner. Vorbote des Antisemitismus.* Königstein Taunus 1985.

KILIAN, Herbert [Hg.]: *Gustav Mahler in den Erinnerungen von Nathalie Bauer-Lechner,* Wien 1984.

KOPPEN, Ernst: *Dekadenter Wagnerismus.* Berlin 1973.

KREIS, Rudolf: *Nietzsche, Wagner und die Juden.* Würzburg 1995.

KUBIZEK, Alfred: *Adolf Hitler, mein Jugendfreund.* Graz 1953.

LEVIN, David J.: *Richard Wagner, Fritz Lang, and the Nibelungen: The Dramaturgy of Disavowal.* Princeton 1999.

LEVIN, David J.: *Die Dramaturgie der Alterität.* In: FRIEDLÄNDER, Saul u. RÜSEN, Jörn [Hgg.]: *Richard Wagner im Dritten Reich. Ein Schloss Elmau-Symposion.* München 2000, S. 92-108.

LEVIN, David J.: *Reading Beckmesser Reading. Antisemitism and Aesthetic Practice in 'The Mastersingers of Nuremberg'.* In: New German Critique (Herbst 1996), S. 127-146.

LIMBERG, Eva-Maria: *Richard Wagner-Bibliographie. Problemanalyse und Vorstudien zu einer neu zu erstellenden Personalbiographie* (= Arbeiten und Bibliographien zum Buch- und Bibliothekswesen, Bd. 7). Frankfurt a. M. 1989.

LINHARDT, Marion *Richard Wagner. Mein Leben mit Meyerbeer.* In: OBERZAUCHER-SCHÜLLER, Gunhild u. LINHARDT, Marion u. STEIERT, Thomas [Hgg.]: *Meyerbeer – Wagner. Eine Begegnung.* Berlin u. Köln u. Weimar 1998, S. 71-100.

MAHLER-BUNGERS, Annegret: *Die Rolle von Neid und Neidabwehr im Antisemitismus. Überlegungen zu Richard Wagners Schrift ‚Das Judentum in der Musik'.* In: Heister, Hanns-Werner (Hg.): *Biologie, Rassismus, Rentabilität. Die Ambivalenz der Moder-ne,* Bd. III (= Musik, Gesellschaft, Geschichte, Bd. 3). Berlin 2007, S. 59-88.

MANN, Thomas: *Leiden und Größe Richard Wagners.* Berlin 1933.

METZGER, Heinz-Klaus u. RIEHN, Rainer [Hgg.]: *Richard Wagner. Wie antisemitisch darf ein Künstler sein?* (= Musikkonzepte. Die Reihe über Komponisten, Heft 5). München 1978.

METZGER, Reinhard: *Eine geheime Botschaft in ‚Die Meistersinger von Nürnberg' und ‚Parsifal': Jüdisches, Christliches und Antisemitisches in zwei Werken von Richard Wagner*. In: The German Quarterly. Bd. 80, Nr. 1, 2007, S. 20-41.

MILLINGTON, Barry: *Das Wagner-Kompendium. Sein Leben – Seine Musik*. München 1996.

MORK, Andrea: *Richard Wagner als politischer Schriftsteller. Weltanschauung und Wirkungsgeschichte*. Frankfurt a. M. 1990.

MÜLLER, Ulrich u. WAPNEWSKI, Peter [Hgg.]: *Richard-Wagner-Handbuch*. Stuttgart 1986.

MÖSCH, Stephan: *Weihe, Werkstatt, Wirklichkeit*. Parsifal *in Bayreuth 1882-1933*. Kassel 2009.

NEWMAN, Ernest: *The Life of Richard Wagner*. 4 Bde., Cambridge 1933.

NIETZSCHE, Friedrich: *Richard Wagner in Bayreuth. Der Fall Wagner. Nietzsche contra Wagner*. Stuttgart 1999.

OBERZAUCHER-SCHÜLLER, Gunhild u. LINHARDT, Marion u. STEIERT, Thomas [Hgg.]: *Meyerbeer – Wagner. Eine Begegnung*. Berlin u. Köln u. Weimar 1998.

PFAHL-TRAUGHBER, Armin: *Antisemitismus in der deutschen Geschichte*. Berlin 2002.

POLIAKOV, Leon: *Geschichte des Antisemitismus*. 8 Bde., Worms 1987.

RIENÄCKER, Gerd: *Richard Wagner. Nachdenken über sein ‚Gewebe'*. Berlin 2001.

RIENÄCKER, Gerd: *Deutschtum und Antisemitismus in Wagners Werken. Vorfragen zu einem Problem*. In: DERS.: *Musiktheater im Experiment. Fünfundzwanzig Aufsätze*. Berlin 2004, S. 78-89.

ROSE, Paul Lawrence: *Richard Wagner und der Antisemitismus (*Original: *Wagner: Race and Revolution*. London 1992). Zürich, München 1999.

ROSE, Paul Lawrence: *Wagner und Hitler – nach dem Holocaust*. In: BORCHMEYER, Dieter u. MAAYANI, Ami u. VILL, Susanne [Hgg.]: *Richard Wagner und die Juden*. Stuttgart, Weimar 2000, S. 223-237.

ROSENBERG, Wolf: *Versuch über einen Janusgeist*. In: METZGER, Heinz-Klaus u. RIEHN, Rainer [Hgg.]: *Richard Wagner. Wie antisemitisch darf ein Künstler sein?* (= Musik-konzepte. Die Reihe über Komponisten, Heft 5). München 1978, S. 46-47.

ROSENDORFER, Herbert: *Richard Wagner für Fortgeschrittene*. München 2008.

RÜSEN, Jörn: *'Wagner im Dritten Reich'. Von der Schwierigkeit, einen historischen Zusammenhang in den Blick zu nehmen*. In: FRIEDLÄNDER, Saul u. RÜSEN, Jörn [Hgg.]: *Richard Wagner im Dritten Reich. Ein Schloss Elmau-Symposion*. München 2000, S. 15-23.

SATTLER, Stephan: *Bayreuth. Wieviel Hitler ist in Wagner*. In FOCUS, Heft 34, 1998.

SCHEIT, Gerhard: *Wagners ‚Judenkarikaturen' – oder: Wie entsorgt man die Enttäuschung über eine gescheiterte Revolution*. In: HEISTER, Hanns-Werner [Hg.]: *Musik/Revolution. Festschrift für Georg Knepler zum 90. Geburtstag*. Bd. 2, Hamburg 1997, S. 133-172.

SCHEIT, Gerhard: *Verborgener Staat, lebendiges Geld. Zur Dramaturgie des Antisemitismus*. Freiburg i. Br. 1999.

SCHOLZ, Dieter David: *Richard Wagners Antisemitismus. Jahrhundertgenie im Zwielicht. Eine Korrektur*. Berlin 2000.

SCHÜLER, Winfried: *Der Bayreuther Kreis von seiner Entstehung bis zum Ausgange der Wilhelminischen Ära. Wagnerkult und Kulturreform im Geiste völkischer Weltanschauung*. Münster 1971.

SCHMIDT, Alexander: *Braune Brüder im Geiste. Volk und Rasse bei Wagner und Hitler – Ein kritischer Schriftvergleich*. Marburg 2007.

SELJAK, Anton: *Richard Wagner und das Judentum.* Norderstedt 2011.

SHAW, Bernard: *Wagner-Brevier.* Frankfurt a. M. 1976.

SHEFFI Na`ama: Der *Ring der Mythen. Die Wagner-Kontroverse in Israel.* Göttingen 2002.

UMBACH, Klaus (Hg.): *Richard Wagner. Ein deutsches Ärgernis.* Hamburg 1982.

VAGET, Hans Rudolf: *Wehvolles Erbe. Zur „Metapolitik" der* Meistersinger von Nürnberg. In: KIEM, Eckehard u. HOLTMEIER, Ludwig [Hgg.]: *Richard Wagner und seine Zeit.* Laaber 2003, S. 271-290.

VAGET, Hans Rudolf: *Wagner, Anti-Semitism, and Mr. Rose: Merkwürd'ger Fall! Review of Paul Lawrence Rose, Wagner: Race an Revolution.* In: German Quarterly 66, Nr. 2, Spring 1993, S. 222-236.

VOIGT, Boris: *Richard Wagners autoritäre Inszenierungen. Versuch über die Ästhetik charismatischer Herrschaft.* Hamburg 2003.

WAGNER, Gottfried: *Wer nicht mit dem Wolf heult. Autobiographische Aufzeichnungen eines Wagner-Urenkels.* Köln 2002.

WAPNEWSKI, Peter: *Weißt du wie das wird. Richard Wagner. ‚Der Ring des Nibelungen'. Erzählt, erläutert und kommentiert.* München u. Zürich 1996.

WEINER, Marc A.: *Antisemitische Fantasien. Die Musikdramen Richard Wagners* (Original: *Richard Wagner and the Anti-Semitic Imagination,* Lincoln 1995). Berlin 2000.

WESSLING, Berndt W.: *Meyerbeer. Wagners Beute. Heines Geisel.* Düsseldorf 1984.

YOVEL, Yirmiyahu: *„Nietzsche contra Wagner' und die Juden.* In BORCHMEYER, Dieter u. MAAYANI, Ami u. VILL, Susanne [Hgg.]: *Richard Wagner und die Juden.* Stuttgart, Weimar 2000, S. 123-143.

ZELINSKY, Hartmut: *Richard Wagner - ein deutsches Thema. Eine Dokumentation zur Wirkungsgeschichte Richard Wagners 1876-1976.* Frankfurt a. M. 1976.

ZELINSKY, Hartmut: *Die 'Feuerkur' des Richard Wagner oder die 'neue Religion' der 'Erlösung' durch 'Vernichtung'.* In: METZGER, Heinz-Klaus u. RIEHN, Rainer [Hgg.]: *Richard Wagner. Wie antisemitisch darf ein Künstler sein?* (= Musikkonzepte. Die Reihe über Komponisten, Heft 5). München 1978, S. 79-112.

ZELINSKY, Hartmut: *Zu schönen Klängen eine brutale Ideologie.* (Spiegel-Interview). In: DER SPIEGEL, 29/1982 vom 19.07.1982. Abgedruckt in: Umbach, Klaus (Hg.): *Richard Wagner. Ein deutsches Ärgernis.* Hamburg 1982, S. 38-52.

ZELINSKY, Hartmut: *Die deutsche Losung Siegfried oder die ‚innere Notwendigkeit' des Juden-Fluches im Werk Richard Wagners.* In: BERMBACH, Udo [Hg.]: *In den Trümmern der eigenen Welt. Richard Wagner ‚Der Ring des Nibelungen'.* Hamburg 1989, S. 201-251.

ZELINSKY, Hartmut: *Sieg oder Untergang: Sieg und Untergang. Kaiser Wilhelm II., die Werk-Idee Richard Wagners und der ‚Weltkampf'.* München 1990.

ZELINSKY, Hartmut: *Verfall, Vernichtung, Weltentrückung. Richard Wagners antisemitische Werk-Idee als Kunstreligion und Zivilisationskritik und ihre Verbreitung bis 1933.* In: FRIEDLÄNDER, Saul u. RÜSEN, Jörn [Hgg.]: *Richard Wagner im Dritten Reich. Ein Schloss Elmau-Symposion.* München 2000, S. 309-341.

ZAENKER, Karl A.: *The Bedeviled Beckmesser: Another Look at Anti-Semitic Stereotypes in ‚Die Meistersinger von Nürnberg'.* In: *German Studies Review,* Vol. 22, Nr. 1 (Feb. 1999), S. 1-20.

ŽIŽEK, Slavoj: *Wagner erlösen. Oder Helden müssen lernen, das Elend der Sterblichen anzunehmen.* In: LETTRE INTERNATIONAL. Heft 66/2004, S. 104-110.

ŽIŽEK, Slavoj: *Der zweite Tod der Oper.* Berlin 2008.